摆渡者家长书架

父子相长

一个教育工作者的育儿故事

陶林◎著

教育科学出版社

·北京·

出 版 人　所广一
责任编辑　张　羽
责任校对　贾静芳
责任印制　曲凤玲

图书在版编目(CIP)数据

父子相长：一个教育工作者的育儿故事 / 陶林著
—北京：教育科学出版社，2012.11
　ISBN 978 - 7 -5041 -7077 -4

Ⅰ.①父… Ⅱ.①陶… Ⅲ.①儿童教育－家庭教育
Ⅳ.①G78

中国版本图书馆 CIP 数据核字(2012)第 255995 号

父子相长　一个教育工作者的育儿故事
FUZI XIANGZHANG

出版发行	教育科学出版社			
社　　址	北京·朝阳区安慧北里安园甲 9 号	**市场部电话**	010－64989009	
邮　　编	100101	**编辑部电话**	010－64989564	
传　　真	010－64891796	网　　址	http://www.esph.com.cn	
经　　销	各地新华书店			
印　　刷	莱芜市东方彩印有限公司	版　　次	2012 年 11 月第 1 版	
开　　本	160 毫米×230 毫米　16 开	印　　次	2012 年 11 月第 1 次印刷	
印　　张	11.25	印　　数	1—6000 册	
字　　数	200 千	定　　价	25.00 元	

序
FOREWORD

陶林兄是我的畏友。

我俩都是搞教育的。但我只像股评家那般，专喜欢在人前搬弄道理，获得口舌之快，而对自家的孩子却束手无策、一筹莫展。陶林兄则更像个实业家，他不但熟知儿童教育的思想和理论，而且能大胆且成功地在他儿子身上实践他的教育理想。尤为难得的是，他还能坚持将这一过程记录下来，于是便有了当年的《家有小豆豆》和现在的《父子相长》。

这一点的确很难得。

一个令人深思的现象是，做教师的，往往教育不好自己的孩子；或者即便他们的孩子学习优秀，也通常缺少幸福感。陶林兄深知其中的奥妙，所以他用广博而先进的教育学识，以及对于儿子细腻而深厚的爱，在生活的方方面面来实践他认为正确的儿童教育观。

首先他很清楚，对于儿童而言，学会生活以及与人交往的能力是最要紧的，故他和儿子豆豆从一开始就在为建设这样一种生活而努力。譬如他俩一起在家中进行购物游戏，一起饭后散步，每天陪孩子一小时，一起爬山、下海，亲近自然，一起举行家庭足球赛。别小看了这些亲子活动，孩子在这些过程中获得的不仅仅是对生活的认知和理解，还包括孩子与亲人之间的亲密和谐关系和深厚感情。

这本书叙述的是豆豆 3～6 岁的生活。在这期间，豆豆上幼儿园了，但陶林并不想让他的儿子从此被关在教室里，

接受学斋式的训练。他相信知识的力量,更相信知识其实就渗透在生活的每一个细节之中,渗透在孩子与成人建立的关系之中。因此,他对儿子的知识教育也颇有趣味。比如,在亲子阅读时,他坚持如下几个原则:

固定的时间。每天除了豆豆自己不定时看书外,我们固定在睡前进行半小时左右的亲子阅读,雷打不动。

固定的场所。亲子阅读一般都在床上进行,身心比较放松,没有负担,孩子可以带着童话故事情节进入梦乡。

固定的阅读伙伴。通常都是我和豆妈进行亲子阅读。豆豆熟悉我们的阅读方式,更喜欢我模仿不同角色的声音。如果祖辈有文化,能够坚持给宝宝阅读也是非常好的。

固定的图书存放地点。最好给宝宝一个专有书架或书柜,让他们存取方便,养成爱书和有条理做事的习惯,同时也不会东拉西扯,以免看书时找不到。

这四个固定,表明了陶林兄一家人对于儿童教育所持有的一贯的决心和毅力。当然,知识的学习不仅仅是文字的阅读,也有数学的认知、科学的体验甚至还包括死亡教育和性教育。在这一点上,陶林兄似乎有点性急,恨不得将他生平所学悉数教与儿子。不过他的高明之处在于他对教育契机的积极寻找和准确把握。

譬如,在教孩子识字时,陶林忽然想到一个办法:角色互换。角色互换后,父亲成了文盲,而孩子豆豆却成了先生。这样的教学妙趣横生,而其效果也足令人满意。

再如死亡教育。许多人不赞成对儿童过早地进行死亡教育,"不知生,焉知死",但陶林兄却认为,恰当的死亡教育可以使孩子更加认识到生的美好。在《招潮蟹之死》一文中,当豆豆发现三只螃蟹死了,伤心地问父亲其中的原因时,作为父亲的他,及时与儿子进行了这样的对话:

豆豆很伤心,问我:"爸爸,为什么会死呢?"
我说:"可能这里不是它们真正的家。"
"大海才是它们的家吗?"
"是的。"我回答。

"那我们是不是不应该把它们抓回来？我不想它们死。"

"是啊。如果它们没有离开大海，应该会生活得自由自在。我们喜欢它，想和它们做朋友，但是它们并不一定愿意，一相情愿的话就会造成对它们的伤害。"

当然，我们说，对于儿童，所有的教育都必须尊重他们的感知，尊重他们的体验，我们甚至可以说，我们还必须敬畏儿童。因为儿童是"成人之父"，他们具有成人所缺少的对于世界的敏感和纯真态度。

因此，陶林兄与豆豆交往的另一大特色是：父子相长。哪怕是在简简单单的家庭游戏中，儿童的思维也有着我们成人无法理解的玄机。理解儿童，其实真的不简单。在《幼儿的游戏规则》一文中，陶林发现，儿童"可能有占有欲，可能喜欢争第一名，但绝对不会没有同情心，绝对不会只讲规则不讲人情"。对儿童而言，其中所谓的规则或趣味性，不正在于此吗？

在本书中，作为一个5岁的孩子，豆豆自己还提出了十条育儿原则：

第一条，不要责骂孩子；

第二条，多表扬孩子；

第三条，多叫孩子做事情；

第四条，要教他爱学习；

第五条，要教他好好吃饭；

第六条，要教他有礼貌；

第七条，要教他讲卫生；

第八条，要教他节约；

第九条，要教他懂道理；

第十条，就是回到第一条。

反思之后，我们发现，这十条原则不正是我们平时对儿童教育的缺憾？

阅读陶林的《父子相长》一书，我们所获得的，既有一幅幅亲子活动的图景，也有作者在此过程中的教育体悟。可以说，本书对于年轻的父母亲教育自己的孩子，是一种极好的参考和借鉴。同时，书中的语言所透露出来的浓郁的生活味道和情感，更是我们在读后挥之不去的。

豆豆钻进我被窝后,说:"爸爸,你睡吧,我拍拍你。"说完,就轻轻地在我后背上拍起来,我感觉自己似乎回到了婴儿时期,睡在了摇篮里,妈妈用温柔的手轻轻地拍打着我,再唱几句摇篮曲:"睡吧,睡吧,我亲爱的宝贝。"

我真的睡着了,在儿子赐予我的温暖和幸福中,睡得安稳而踏实,睡得深沉又香甜。我想这是除了母亲外,第二个拍拍我,让我进入梦乡的人,他就是我儿子。

一直认为母亲去世后,这个世界上不会再有人像母亲那样毫无保留地爱着我了,不会再有人给我那么大的精神力量了。这个想法,在这个寒冷的冬夜里彻底改变了。

我又重新找到了母爱般的亲情,又看到了足以温暖我余生的冬日暖阳。有了这种亲情,有了上天赐给我的儿子和事业,我又有什么理由对生活抱怨呢?又有什么理由左顾右盼而不勇往直前呢?

这一段文字出自本书中的《冬日暖阳》。阅读这样的文字,我们明白了儿童给予我们的力量,也让我们再一次相信:世界上最温暖的地方,就是我们的家。

王小庆

2012 年 4 月 18 日,杭州半山

目 录
CONTENTS

1

1 陪孩子走出第一步

在孩子成长的过程中，有很多关键的节点。这些关键的节点，对于孩子的成长来说具有重要意义，比如迈开腿学走第一步，第一次开口讲话，第一天上学，孩子的毕业典礼，接到大学录取通知书，等等。可能有些父母会记住孩子的生日，给他们买生日礼物或吃生日大餐，却忽视了孩子的这些成长节点。

这些节点对孩子的意义远远大于生日。生日每年都有，而这些节点一闪而过，错过了就不会有下一个。父母应该成为这些节点的见证者，陪他们走过这些节点，给他们信心和勇气。比如说，父母蹲在离孩子半米远的地方，把刚学会站立的孩子扶住，然后松开手，鼓励孩子勇敢地迈出人生的第一步！当你看到宝宝在你的鼓励下成功地迈开第一步，看到宝宝摇晃着扑进你怀里时，该是多么喜悦，多么自豪！

豆豆上幼儿园小班的第一天，我就陪读了半天。

那天，我特地起了个大早，给豆豆准备了煮鸡蛋和牛奶当早餐。但豆豆起床后只吃了一个月饼，喝了一瓶奶粉，然后说要把剩下的月饼带到幼儿园分给小朋友吃。

吃完早餐，他背上小书包，带上新买的一盒水彩笔，高兴地出门了："我上班去了。"——上幼儿园芽芽五班，简称上班。

虽然在幼儿园里读过一年的托班，豆豆还是拉着我的手，有点怯生生地走进了新的班级。班级里已经有十来个小朋友先到了，他们正和父母坐在一起玩玩具，很是热闹，没有了托班时的哭闹场景。

新的班级里几乎没看到豆豆原来的同学，他找了个座位坐下来，开始叠积木，我站在他对面给他拍照片。当我走到教室门口和一个送豆豆来的朋友聊天时，豆豆就带着一点哭腔地叫道："爸爸！你站在我旁边！"

我问："为什么？"

"我害怕。"

小朋友和家长陆陆续续到齐了。30 个小朋友，30 多位家长把小小的教室塞得满满的。豆豆身边坐过来一个托班的同学，豆豆很得意地向同学炫耀自己的盒装水彩笔："我的水彩笔是米奇的，还能盖图章呢。等你长大了，也叫你爸爸给你买这种水彩笔。"

开始上课了，老师叫小朋友们站起来介绍一下自己，豆豆说："我用英语介绍，他们绝对听不懂。爸爸，英语该怎么说呢？"

"Hello, my name is Tao Chengxi.（陶成希）"

豆豆重复了一遍后，就看着一个个小朋友站起来说自己的名字。教室里很嘈杂，很多人的名字都听不清。终于轮到豆豆了，他很高兴地站起来说道："Hello, my name is Tao Chengxi."

声音很小，但是老师听清楚了，林老师很高兴地说："呵呵，不错，陶成希同学还能用英语介绍自己呢。"这当然不是我和豆妈的功劳，而是英语碟片的功劳。

随后，老师给每个小朋友发了一张树叶一样的卡片，叫家长给小朋友写上名字和电话，然后和小朋友一起用水彩笔画上图案和花纹，把卡片设计成一张漂亮的名片。我给豆豆写上名字后，就和他一起用水彩笔后面的印章给这张名片印上了很多图案：一张漂亮的名片就诞生了。

接下来，老师让家长和孩子一起玩"丢纸球打大灰狼"的游戏。家长拿一张报纸扮大灰狼，孩子用纸球砸大灰狼。豆豆虽然纸球丢得不好，但在我的鼓励和热闹的氛围下，还是玩得兴致勃勃。

在随后的课堂上，豆豆也表现得中规中矩，我在他要吃饭前离开了。下班后，豆妈问豆豆："今天在幼儿园里表现最好的地方是什么？"

"吃饭的时候我向老师要香肠，老师说香肠没有了，我没哭。"

"那表现不好的地方呢？"

"是饭没有吃完。"

看来他不认为用英语介绍自己是最好的地方，也没认为游戏和上课表现最棒，而是认为在受挫时没哭最棒。这个认识还是很有高度啊！

进幼儿园的第一天，对孩子来说是非常重大的一步，他改变了原来的生活圈子和生活方式，由家庭和亲人走向了集体和同学。因为环境的变化巨大，很多幼儿刚入园时会哭闹，这也是正常现象。家长在第一天陪他一起度过，可以通过渐进方式给孩子以安慰和勇气，让他们很平稳地融入新的集体。

在国内，还有一个节点很受家长重视，那就是孩子的大学毕业典礼。因此，很多大学都邀请家长参加。很多留学生父母也不远万里，奔赴海外参加孩子的毕业典礼。一则显示对孩子的重视，二则可以借机旅游。我认为，此时参加毕业典礼远不如参加孩子入园第一天的开学典礼来得重要。且不说入园第一天孩子弱小的心灵需要呵护，更可以显示父母愿意担当教育子女的责任。毕业典礼时孩子已长大成人，木已成舟，父母此时参加更多是享受自己多年栽培的成果而已。

但是，国内的父母，似乎更愿意做的是送已成年的孩子进入大学校门。每当大学开学之际，学校内外总是车水马龙，父母为孩子带足生活用品，帮孩子报到注册，忙得不亦乐乎，似乎以此才能体现父母对孩子的责任和关爱。殊不知，此时孩子已长大成人，对他们最好的关爱是放手，放手让他们去锻炼，让他们去经历风雨。

陪孩子走出人生第一步，绝不代表对孩子溺爱，不代表给孩子一种锦衣玉食的温室生活。孩子上小学后，就可以带他参加一些社会实践活动和公益活动，当然也可以让他通过卖报纸、擦车辆去挣自己的零花钱。

中国传统的父爱如山，把爱深埋在心底，不轻易表露出来，让孩子在历练中成长，是有道理的。

2 "Hello,Teddy"

豆豆 3 周岁时,似乎对英语产生了浓厚的兴趣。要知道,我和豆妈英语太滥,除了教过他"bye bye""thank you"一两句短语外,从没教过他别的单词、短语。而他对英语歌曲、电视节目、拼图却很热衷。一首《Jingle Bells》的歌居然能唱了,虽然歌词错误很多,但并不改他对此歌的喜爱,有事没事哼几句。26个英文大写字母也基本上都能认了,这得益于会唱《I Can Say My A B C》这首歌。最主要的是,他对智慧树栏目中的《Hello,Teddy》节目很着迷,几乎每期都要看。一个人坐在沙发上,一声不响,目不转睛地盯着,也不知他是在看故事情节,还是在听英语。

朋友听说豆豆对英语节目有一定兴趣,向我推荐了一套叫"魔幻英语"的光盘。一个周末,我和豆妈带着豆豆去了新华书店。先到三楼的儿童天地看看卡片,看看绘本,一个多小时过去了。买了两本嘟嘟熊的书后,来到二楼的碟片专卖区。众多的碟片让豆豆大开眼界,不过他很快找到了他喜欢的《黑猫警长》,不肯撒手。

向服务员打听后知道,这里并没有魔幻英语的光盘。但小家伙眼疾手快,叫道:"Hello,Teddy! 我要买这个。"大的礼盒装,一共 6 本书,6 张光盘,售价 148 元,适合 2~8 岁幼儿学习。只不过,他把"Teddy"念成了"Keddy",费了好大的劲才纠正过来。

既然小家伙要买,那就买吧。"总比买一件衣服合算。"豆妈说,"《黑猫警长》和《Hello,Teddy》只能二选一。"小家伙倒很听话,立马放掉了手中的《黑猫警长》。

回到家里已经两点多钟了,我们要他午睡,他一定要先看《Hello,Teddy》。买回家就是看的,那就先看两集吧。从小学学英语口语,总会有点好处的。不至于像老爸老妈一样，学了多年的英语还是哑巴。

看碟片之前，我对他提了一个要求，那就是要跟着碟片一起讲英语，这个要求他答应了，看了《Greeting》和《Birthday Party》两集后睡觉。他似乎还没有学会跟着一起念。

一般说来，豆豆对一样事情的兴趣能够持续一个月左右。这其中包括认车牌、看《三毛流浪记》、看《小鲤鱼历险记》、认字、搭积木、看FLASH儿歌、贴粘纸书，等等。但对于学习《Hello, Teddy》，豆豆坚持了近三个月，每天都看两集碟片。我们见他兴致如此浓厚，就给他报个了幼儿英语学习班。

英语班是周日下午两点半开始，每次都是豆豆午睡正香的时候把他叫醒。有一天，我们突然发现豆豆不停地眨眼睛，而且越是注意他，提醒他，越眨得厉害。医生说可能是紧张造成的，也可能是眼睛过度刺激造成的。这样，我们就停止了英语培训班的学习，也停止了看碟片和看电视等一切与电子显示相关的东西。豆豆的英语自学也到此结束了。

3 你棋不棋

豆豆 3 周岁生日的时候，我给他买了一副中国象棋，间或和他玩过两次，他的兴趣不高，因为太难了！我的兴趣也不是很大，主要是他经常不按我教他的规则来，拿着"车"满场飞。

孺子不可教。

昨天，我正在打电脑，豆豆走过来，要和我一起下象棋。我正在未置可否时，豆妈走了过来，他问道："妈妈，你棋不棋？"搞得他老妈一头雾水，问道："什么棋不棋？"

"我和爸爸下象棋，你棋不棋？"

这次他主动要求下棋，在我的指导下，倒是基本上能把一盘棋下完。我重点指导的是"炮"的走法和"车"的走法。"炮打隔山"，他听不懂，我就告诉他炮可以走直线飞起来。"车走直线"，他也不太能理解，我告诉他，小汽车要在路上开，不能开到花园里。这个他能理解，但要他理解不能转弯，就不行了。他总是拿着车，去吃他看不顺眼的目标，也不管够不够得着。而且，他吃子的时候总是把自己的棋子和被吃的棋子一起拿掉，等我提醒他把自己的棋子拿回来时，这个棋子该放在哪里他已经记不住了。可以这么说，现在这个阶段，下象棋对他来说难度太大，似乎是不可能完成的任务。

经过几次教导，他总算能把 16 个棋子认出来，也能把它们摆放到棋盘上各自的位置。这已经足够了。我不清楚明天他还会不会对象棋感兴趣，会不会说："爸爸，你棋不棋？"

3 周岁的幼儿，右脑处于绝对主导地位，对形象的东西容易理解，右脑记忆能力强，背儿歌记图片都很快，而要让他们去理解、分析棋路、棋谱确实勉为其难了。

所以，和豆豆下象棋当成一种简单的游戏尚可，而按照成人的思路下棋可能还需要等两年再说。

4 饲养蚂蚁

著名的生物学家威哥里伏斯说："我一生中最重要的发现是 5 岁的时候看到一只关在瓶子里的毛毛虫吐丝结茧，最后变成了一只蝴蝶。"

这说明，最好的教育应该是让学生去观察，去尝试，去体验，去发现。这样，学生就能成为一个智者，才能从容地面对 21 世纪的激烈竞争。让孩子饲养昆虫等小动物，让他们观察小动物的生活习性和身体变化，体验与小动物相处的乐趣，比任何方式的学习效果都要好。

豆豆 3 岁的时候，朋友送我一个蚂蚁工坊，这真是一个有创意的生态科学玩具：有机玻璃容器里放的蓝色凝胶，既是蚂蚁的食物，又是它的家园。8 只大黑蚁生活在里面。

下班后，我把蚂蚁工坊拿回家，儿子也非常感兴趣，俨然把这些小蚂蚁当成了自己的小朋友。一只小蚂蚁趴在玻璃壁上一动不动，刚好给我们提供了观察的机会。儿子数出了它有两只触角、六只脚。然后我对儿子说，蚂蚁很厉害，你看它能趴在玻璃上掉不下来。儿子说："哪个玻璃？"然后就在家里找玻璃，他也因此认识了玻璃。儿子为了验证我说的蚂蚁本领大，也走到一面墙壁上，想往上爬，结果总是滑下来。这样一来，他似乎体会到了小蚂蚁很厉害。

看着几只小蚂蚁在新的环境中似乎不太适应，我就对豆豆说："你背古诗给蚂蚁听吧，这只小蚂蚁低着头，在思故乡呢，你背《静夜思》给它听。"儿子很听话地背出《静夜思》。我又指着另一只蚂蚁说："这一只在想妈妈，你背《游子吟》给它听。"背完后，我又说："这只蚂蚁在登高，你背一首《登鹳雀楼》吧。"这样，儿子就顺从地把他会背的十几首诗全背给小蚂蚁听了。

我们期待小蚂蚁能造出一个漂亮的窝来，那一定会更有意思。

那段时间，天气一直不是很好。倒春寒加上绵绵阴雨，使小蚂蚁的工作遇

到了很大困难。一般来说，气温在 10 摄氏度以下，它们就会停止工作。小蚂蚁经常扎成一堆，抱团取暖。但这也丝毫没有影响豆豆对小蚂蚁的喜欢，他经常抱着蚂蚁工坊走来走去，一起睡觉。我每次观察小蚂蚁的时候，他也一定要占最好的角度和位置看，还和小蚂蚁对话："小蚂蚁，我是你的好朋友。""小蚂蚁，你们好，你们在干什么？"

一天下午，豆豆又在床上摆弄蚂蚁工坊，这一次他把顶盖打开了。两只小蚂蚁趁机逃了出来。豆豆一时慌了手脚，大叫："爸爸，蚂蚁逃出来了。"在我的帮助下，外逃的蚂蚁又被抓回来了。

开始几天，小蚂蚁并没有挖洞，还把我给它们做的示范（挖的洞）给填了起来。几天后，它们干劲足了起来，分别在两个墙角挖了两个洞，一个深度 3 厘米左右，一个深度达到了五六厘米，已经挖到底了。挖出来的凝胶一颗一颗的，像雪粒一样被它们堆在墙边，晶莹剔透，十分好看。

两周后，小蚂蚁的窝造好了，而且很有艺术感了，整个形状有点像珊瑚的样子，里面四通八达，俨然是一座地下城堡。

豆豆经常要和我一起看着小蚂蚁在它们的城堡里散步，也喜欢对小蚂蚁讲话。"小蚂蚁是我最要好的朋友。"他说。

五一节假期里，我们外出旅游回来，看了一下我们的几只小蚂蚁。令我吃惊的是，在凝胶的最上部，居然看到了一个四分五裂的蚂蚁尸体。看来一只蚂蚁被分尸了！是什么原因，还真的不得而知。也许是它死了后，被其他蚂蚁给天葬了吧。我数了一下剩下的蚂蚁，只有六只。也就是说死了两只。

在数剩下蚂蚁的时候，我发现它们正围着一堆黄色的东西忙个不停。仔细一看，是蚂蚁的卵。黄褐色，比蚕卵大一点，橄榄形。它们围着卵，一会儿把卵堆在一起，一会儿又把它们分开。稍微有一点动静，就会把卵衔起来就跑。真是爱护备至。

令人迷惑的问题是，这些蚂蚁都是工蚁，怎么会产卵呢？在没有蚁后的情况下，可能会有一只蚂蚁会升格变异为蚁后，但是没有雄蚁与它交配，怎么会产出卵来呢？这些卵能变成小蚂蚁吗？

带着这些问题，我们继续观察蚂蚁的生活。一天下班回来后，豆豆告诉我，蚂蚁的卵不见了，我走过去一看，那一堆米黄色的卵果真不见了。也不见有新的蚂蚁出来。看来只有一种可能，那就是这些卵被蚂蚁给吃了。

我找了些资料，讲给豆豆听，比如蚂蚁是由黄蜂进化来的，温度低的时候蚂蚁会冬眠。

虽然豆豆对于蚂蚁的疑问和我是有区别的，但毕竟在此过程中培养了他对蚂蚁的兴趣，还知道了一些蚂蚁的知识。

在豆豆成长过程中，我们养过很多小动物，每年都会养蚕宝宝，还养过兔子、乌龟、金鱼、招潮蟹、寄居蟹。这些饲养过程当然豆豆都是在家长的主导下协助参与的，虽然大多数时候都是无疾而终，但豆豆从中还是受益匪浅。

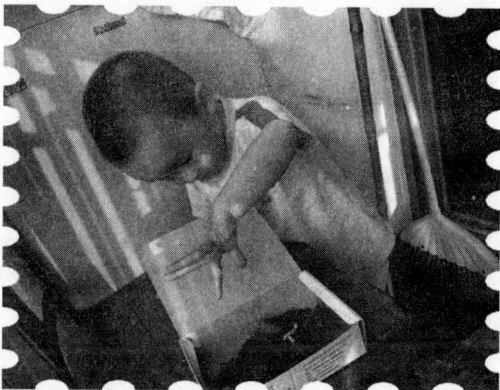

授人以鱼不如授人以渔，授人以渔不如授人爱渔。

我相信，只要孩子们对动物有兴趣了，喜欢小动物了，就会去了解它，研究它。他们还会把这种好奇心和求知欲迁移到其他的学习中，那时候家长也就不用担心孩子的学习能力和学习成绩了。事实上，豆豆这种对小动物的兴趣一直很高，在公园就喜欢看蜜蜂采蜜，在户外就喜欢蹲在地上看蚂蚁觅食。我们给他买的一套儿童版的《昆虫记》，他更是看了一遍又一遍。

在和孩子一起饲养小动物的过程中，家长可以让孩子承担某一项具体工作，比如定期喂食，清理巢穴等。孩子一开始往往会把它当成游戏参与其中，家长要保护孩子的这种兴趣，不能让孩子有很重的负担。只有在孩子够大时，比如上学后，才可用责任心的标准来要求他。

在所有动物中，养蚕是最好的项目。国外教育家认为孩子一生要经历过的事情中，养蚕也名列其中。其原因是，养蚕周期比较短，总共一个多月，孩子能够坚持。其次，在这短短的时间里，能够很清楚地观察到蚕的生活习性和变态过程，这是一个不同于他们平常见到的哺乳动物的繁殖方法，是一种全新的体验。再次，养蚕方便易行，容易成功，有成就感。只要有蚕种和桑叶就能完成这个过程。而饲养其他动物最后很难摆脱失败的结局。

5 豆豆学画

小班第二学期,豆豆从幼儿园回来说,要报名参加双休日绘画培训班。既然他自己提出要参加,我们也求之不得,可以让他练习一下绘画技巧,锻炼一下手指,还能与小朋友一起玩玩。

培训班在周日早上。为了提前热热身,豆豆上培训班前一天晚上拿起放置已久的画笔,画了两张画。一张他命名为"龙卷风",画了一些看不懂的线条围绕着一个苹果和一只梨,很有些抽象派的味道;另一张他命名为"海盗",那就更看不懂了,就是一些杂乱无章的线条。

周日下雨,我们10点钟准时送他到了幼儿园。放学时间为11点半,我和妻子提前了5分钟去接他,大部分同学已经接走了。我们走进教室看到,他额头上贴了一个五角星,看样子是得到老师表扬了。接过他的画一看,居然有似曾相识的感觉:画的中心一个大大的红苹果,苹果周围绕着各色的线条。整个画面构图简洁,布局合理,色调清新,线条也还算流畅。与以前在幼儿园里用黑色画苹果那种脏兮兮的感觉相比,真是天壤之别!画的右下角还有5颗五角星,显然这是老师评价。

回家的路上,豆豆告诉我们,老师给3颗星是非常好,给自己打了5颗星就是小画家!

真是不鸣则已,一鸣惊人!以前在我们眼中毫无绘画天赋的儿子,第一次就被老师评为小画家了,看来我们以后得对他另眼相看。

吃中饭时,豆妈奖励了他一瓶旺仔牛奶。中午的面条他也吃得特别好,特别快。到了晚上,他又主动提出来:"现在我们家有个小画家了,我准备再画一幅新的画。"

看他准备蜡笔和白纸的认真模样,还真有些不一样。

他画了一个孩子站在草地上，孩子在画面的中间，用黄褐色再画一点花，一片云，几只毛毛虫。

绘画班每周一次课，每次课后豆豆都拿回一张画，这些画都被他贴在了房间里的墙上。学期结束时，老师给每个人发了一张小奖状，还发了一盒橡皮、一张漂亮的粘纸。豆豆显然也很喜欢这两样奖品，回家的路上，我让他把两样东西都放在袋子里，他不肯，一定要拿在手上。

一个学期下来，豆豆画画的水平并没有提高多少，可是值得表扬的是，14次课除了一次生病没去以外，都能坚持不迟到早退。因此，他一共拿回来13张不同的作品，这就是他的成绩。

应该说，所有的孩子都是喜欢涂涂画画的。从最初的涂鸦，到画图形，再到画物画景，都是他们表达思想，表达情感，表现想象力的过程。

在绘画方面，我们没有给豆豆任何要求，也没有给他任何束缚。他想画的时候就随时拿纸笔涂一张。画的主题可以是想象的动物乐园，也可以是植物大战僵尸；有时候用签字笔画线描，有时候用蜡笔画人像，有时候用水彩笔画海底世界；家里的白墙上也是他的创作园地，画有手掌，有大树，还有人头。

我一直以为，绘画的技巧在幼儿时期不重要，画得像与不像更不重要，重要的是有想法，有想象力。

我也从未对豆豆画画进行指导，一来是没有能力，二来是觉得没有必要，保持他的兴趣最重要。唯有一次，我们两人都照着《三国演义》画人像，我画的是赵子龙单枪匹马，他画的是关公持刀而立。画完后，他见我的画超出了他的预期，就说："想不到爸爸画得这么好，我也画一张赵云。"

画了一会儿之后，他对我说："爸爸，我把马画成鸡了。"

可不是，那匹马还真像一只鸡。

令人吃惊的事还是不少的。有一次，豆豆居然画出连环画，第一幅取名"招兵买马"，画的是猎人买了猎狗和豹子，还有弓箭；第二幅是"操练兵马"，画的是练习射一只假兔子；第三幅是"打猎去了"，画面上猎人拿着弓箭，带着猎狗和猎豹去打猎；第四幅是"打到兔子"；第五幅是"烧菜煮饭"；第六幅是"饱餐一顿"。画面虽谈不上生动形象，人物也都是简笔画，但几张画作逻辑性非常强，每一张画都能够看出孩子丰富的想象力和趣味性。

这，就足够了。

6 春日踏青

春天的脚步近了,漂亮的梅花仍在春寒中怒放,她要与春姑娘比美呢。

一个周末,雨过天晴。我们带豆豆到灵峰欣赏争奇斗艳的梅花。灵峰的梅花品种非常多,有艳丽的宫粉、红梅,有清丽脱俗的绿萼、玉蝶,有成片种植的红梅,还有种成盆景的蜡梅。

欣赏完梅花,和梅花合影之后,豆豆和几个小朋友一起在草地上玩"吹泡泡、抓泡泡"的游戏。那一个个五颜六色的泡泡,如同春姑娘的笑颜,能够真真切切地看到,却怎么也抓不住。吹泡泡的人看到一大群小朋友围着他转,吹得特别卖力,一个个七彩的、圆圆的泡泡在阳光下随风飘散。抓泡泡的小朋友欢叫着,追逐着,如同一个个快乐的小天使。

抓泡泡的时候,一不小心和别的小朋友撞个满怀,也没人去计较,顺便在草地上打几个滚,和大自然来个亲密地拥抱,也非常不错。

我教豆豆念一个吹泡泡的儿歌,他很快就学会了。

> 吹泡泡,吹泡泡,
> 漂亮泡泡随风飘。
> 抓泡泡,抓泡泡,
> 抓到泡泡哈哈笑。

不一会儿,豆豆就热了起来,我们给他脱去棉外套。少了外套的束缚,小家伙跑得更欢了,好几个大泡泡在他的手下灰飞烟灭。

抓完泡泡,豆妈又带豆豆到旁边的小池塘里抓蝌蚪。一群群的小蝌蚪,在清冽的池水中缓缓地游动,用一次性纸杯就能轻轻松松抓到。虽然池水冰凉,但仍阻止不了我们抓蝌蚪的热情。不一会儿，我们就抓到十几只，都装进矿泉水瓶子里，准备带回家饲养。小蝌蚪似乎并没有感觉环境变化对它们的不利，依旧在瓶里怡然自得。

我出了一个谜语让豆豆猜：

> 河边一位游泳家，
> 说起话来呱呱呱。
> 小时有尾没有脚，
> 长大有脚没尾巴。

因为有了现成的活教材，豆豆很快就猜出了答案。

回家的路上，豆豆对瓶里的小蝌蚪说："小蝌蚪，你们不要晕车啊，我带你们去我家。希望你们能长成一只只小青蛙。"

看来这次春游豆豆收获很大，收获了快乐，学会了儿歌和谜语，还能观察蝌蚪的生长。

7 玩计算器

豆妈带回家一只计算器,豆豆很有兴趣地玩起来。我突然发现这是一个很好的教学器材,就告诉他如何做加法。因为他知道 $5+5=10$,所以我就先演示给他看,如何计算 $5+5$,让他看到得出结果非常方便,不用掰着手指头数。再让他算 $8+4$,先掰出 4 个手指头,然后从 1 开始一个一个数上去,算出答案 12。我教他用计算器很快算出了结果,这一次他更高兴了。于是一个人玩起 10 内加法的算术题来,从 1 开始加到 9,然后问我怎么得到 20。我告诉他 $10+10$,然后又指导他再递加上去。

在计算的时候,他经常出现一些错误,比如某个数字没按出结果,或某个数字按了两次,最主要的是两位数还不是很清楚,12 经常要按成 102,先按 10 再直接在后面按 2。经过多次强化后,这个问题逐渐少了。他继续用 10 做加数,从 1 开始往上递加,加到了 35,他说要加到 100。

加法玩得很熟练后,他又问我另外的键有什么用。我先教了他减号的用法。对于算术练习,他是很不喜欢做减法的,当然也没有做加法那么熟练,10 以内的减法也搞不太清楚。有了这个计算器,他做减法方便了很多。但我发现,他对这种减法同样不太感兴趣。

第二天早上,他一边吃早饭一边玩计算器。又问我乘号是怎么用的。我给他讲了一个非常熟悉的例子:1 元钱可以买 3 个荧光棒,2 元钱可以买几个呢?他一下子愣住了。我伸出 3 个手指表示 1 元钱买的数量,再伸出 3 个手指,这下他知道可以买 6 个了。然后,我教他用计算器算 3×2,很快就得出 6。他感到很高兴,我又教他 3 元钱可以买几个荧光棒的方法。他对乘法有了一点感性认识后,我拿出一把瓜子,摆成 3 行,每行 3 颗。让他数一数多少颗,再加一行,让他数出 12 颗后,再用计算器进行验证。

这样，我们从 1×1，一共验证到了 5×5，我把这些验证出来的乘法，写成算式，就成了乘法口诀表了。我让他和我一起念，很快他就记住"三三得九，二二得四"等口诀了。

为了验证"四四十六"，我给他举了个例子：一把椅子有 4 条腿，4 把椅子共有多少条腿？然后我现场拿出 3 把椅子，我自己再趴在地上装成一把椅子让他数。他觉得挺好玩，数出了 16 后，自己也走到我旁边，模仿我的样子趴下来问我："5 把椅子有几条腿？"

可以说，乘法和加法是相互联系的，学乘法对他算加法是有帮助的。但他也会经常搞混淆，比如两个 4 排在一起时，问他多少，他可能不会算成"二四得八"，而算成"四四十六"。

计算器的练习，对培养幼儿的数感是非常有好处的。倒并不一定要让孩子学会加减乘除。我身边有几个幼儿，五六岁就会口算三位数的加法，他们也并不是用计算器学会的。孩子在玩玩具的时候，本身就是一个探究的过程，很多孩子喜欢拆坏玩具就是一个很明显的例子。只是孩子在玩计算器的时候，或者是在玩任何玩具的时候，家长如果进行一定的引导，都可以放大玩具的作用，而不单纯是盲目的玩，或者是没有结果的玩。

8 学轮滑

豆豆4岁的时候，在儿童节那天，我们给买他了一双轮滑鞋，但是学过一两次后就偃旗息鼓了。一则是他的积极性不高，二则是我们教得也不专业，三则觉得他还小，登一双大鞋子太吃力。

一年过去了，豆豆上中班了，个子也长高了，虽然还很瘦弱，但也快到1.1米了。

暑假里，我们发现小区公园里有一个教小朋友的轮滑培训班，很多和豆豆一般大小的小朋友在那里挥汗如雨，来去如风。

我们也给豆豆报名参加了这个培训班。培训在每天傍晚开始，随到随学。

第一天，豆豆很早就到了训练场，一个高个子教练走过来，帮他把全套装备穿戴好。然后教他站"八"字，原地踏步。这个动作我们原来给他练过几次，但他早已忘记了，因为害怕摔跤，不敢大胆地抬起脚，动作十分笨拙，几分钟下来，他早已是汗流浃背，一个不留神摔了个屁墩。

教练因势利导教他摔跤之后怎么爬起来，这对他来说似乎是个难题。以前我们教他的时候，他怕摔跤的一个主要原因正是摔倒之后爬不起来。他往往是仰面朝天，然后两只手撑在地上，如翻身的乌龟一般，因此想爬起来就成了不可能完成的任务。教练教他要先趴在地上，然后单腿跪地,两只手撑在未跪地那条腿的膝盖上,稍一用力就站起来了。他按照教练的方法练习了一两次,很快就学会了。重复练习了几次摔跤爬起的动作后,他明显对摔跤的畏惧小了很多。

随后练习走路和滑行。经过一个星期的练习,他已经有些会滑行了,但还有一个主要的缺点,那就是两只脚用力不平衡,他在滑行的时候左脚不敢抬起来,主要依靠右脚的力量来滑行。

今天到训练场后,教练先让孩子们绕着场地跑圈,豆豆能勉强跟在别的孩子后面,十几分钟下来,个个都是满头大汗。

接下来练习左右脚交叉后蹬。豆豆不会这个动作,几次后蹬都摔倒在地。后面他就小心翼翼,动作很不规范。这也是他左脚不会蹬地的主要原因。

练习了半个多小时后,教练让孩子们做"老狼老狼几点钟"的游戏。这也是孩子们最喜欢的游戏之一。游戏时几个小朋友当老狼,其余孩子当小羊,两边分开站后。当小羊的孩子一边喊"老狼老狼几点钟",一边去捡老狼身边的脚标,老狼回答12点钟后,开始追捡到脚标的小羊,被追到的小羊加入老狼的行列。

豆豆在第一轮的游戏中就被老狼追上了,追他的老狼扑上来抓住他后,两人都摔倒在地上。第二轮游戏时,豆豆依旧先当小羊,只不过这次,他都躲到了老狼的身后,以至于老狼都没有抓到他,让他安全返回终点。

一个半小时下来,一瓶水都被他喝完了。课也结束了,他的兴趣依然很浓。

他说,喜欢轮滑,是因为喜欢玩老狼的游戏。

看来,一个万古不变的真理就是游戏是幼儿生活的重中之重!幼儿在游戏中学习知识,在游戏中陶冶性情,在游戏中学会规则和交往。

9 拍皮球

豆豆升入中班后,告诉我们期末要测试拍皮球,老师让大家回家练习。

在单位可以不听领导的话,在家不能不听儿子老师的话。家里皮球有好几个,但长久不玩都无精打采地躺在角落里。于是,我特地去买来一个打气筒,给它们一一打足气,让它们配合儿子,不要偷懒,不要淘气。

儿子平时几乎不玩拍球游戏,所以连续拍球的最高纪录是2个。我们只好给他突击练习。一开始,他也兴致勃勃,拍了两下,发现球并不听使唤,也就像泄了气的皮球,不愿意再尝试。有时候我教他拍球,但球逃掉后他干脆就改用脚踢了。

我思考有什么更好的办法让豆豆愿意进行拍球练习。

有一次,我们在公园里碰到了他的好朋友果果。她正捧着一个大篮球,在拍球呢。豆豆发现,球在果果手里非常听话,就像一只温顺的小猫,连续跳上跳下一百多个也不逃走。拍球似乎是一件容易的事嘛!

我们就叫豆豆和果果轮流去拍。豆豆照着果果的样子,开始只能拍两三个,后来慢慢地多起来,几个,十几个,有时能拍二十几个。在我们的表扬下,他的自信也增强了。

经过这次之后,我发现篮球气打足后,比小皮球稳定性强,更好拍。

于是我们就和他做拍篮球的游戏。

第一种游戏是我和他轮流拍。我闭上眼睛后,站直身子拍,他则用他最喜欢的方法。谁拍得多谁就奖励一张卡通粘纸。

第二种游戏是找小朋友一起拍。两人一起拍,不是每人一只球同时拍,而是两人轮流玩一只球。通常一人一只球,谁也不想玩。轮流拍一只球劲头才会高。

第三种游戏是我带他去家门口的大超市,去拍那里的球。如果他一次性拍到我们约定的个数，我就同意他在超市里选购一样物品，比如一本贴纸书，一块巧克力。这个约定的数字也是逐渐递增的，每天增加 10 个，比如今天 30 个，他达到了，明天就是 40 个。这个数量也是在他努力之下能够达到的，在他的最近发展区内。

通常，玩这个游戏时他的兴趣很高。我帮他从球架上挑选一个气最足的篮球，然后他开始拍，我开始计数。很多时候，他为了拍得快一点，结果球就拍到鞋子上或什么地方，逃走了。有时候拍着拍着力气没了，球又跳不起来了。但此时他并不气馁，能坚持练习 20 分钟，直到拿到奖品。也有一次拍了几分钟就达到我们预定的数量，我让他再玩一会儿，他也挺乐意。看来他也喜欢上了这种游戏。

经过十多天的练习，他偶尔能拍到 100 个。

当然，后来学校里的测试结果如何，我们也没有去关注，想必通过测试应该问题不大。相比较测试来说，学习拍球的过程才是最重要的，不是吗？

由此可见，儿童的技能学习和其他学习都是一样的，首先，要激发他的兴趣，让他愿意去做，愿意去拍皮球，愿意学跳绳，愿意学轮滑。激发兴趣是重要的，也是最难的。通常的方法是把它变成好玩的游戏，变成比赛游戏，变成同伴游戏，变成情境游戏。特别是变成情境游戏后，孩子自然就喜欢了。

其次，技能学习要在孩子的最近发展区之内。孩子的技能学习是有年龄要求和程度区别的。刚学会走路的孩子就让他学轮滑肯定不行，同样，刚学习拍皮球的孩子就要求他能拍十几个、几十个都是不现实的，一开始如果能拍两三个就应该受到表扬了。

最后，应该给孩子创造最佳的学习技能的条件，包括合适的衣服、防护装备、适合的器械，等等。在拍皮球的过程中，我一开始是给豆豆拍小皮球，后来发现这种小皮球的稳定性不好，大篮球更好拍。小孩子的力气小，篮球充气要很足，比打篮球时更足，这样他们拍起来才省力。

儿童成长的过程就是学习各种技能的过程，如爬行、跑、跳、用筷子、穿衣服、洗脸、刷牙，几乎生活中的每一件事情都是这样。家长指导得当，这些技能就会学得快，掌握得好，否则会适得其反。

10 下军棋

晚上，豆豆洗完澡后，我和他照例摆开军棋，准备大战一场。

因为豆豆每次下军棋都怕输，要耍赖，我就约定在他的工兵挖我的地雷之前，我不去吃工兵，其余一概手下不留情。

不料他还是在摆棋子的时候做了手脚，把我的军长和师长都摆在了他的司令旁边。

战争一开始，他首先把自己的司令翻出来，再把我的军长翻开。我的军长在劫难逃，我也就只能忍痛割爱，赶快将我的师长旁边的棋子翻开，趁他吃我军长的机会逃进了行营。也是机缘巧合，他吃完我的军长后，再翻开军长旁边的棋子，竟然是我的炸弹，我刚要下手，他赶紧又把我的炸弹翻回去，说刚才翻的不算数。

好在我随后表现神勇，一路过关斩将，把他的军长、旅长等一大批棋子都收入囊中。眼看他的局势不行了，豆豆赶紧向豆妈求救，我也半卖半送，做个顺水人情，让他把我的三颗地雷全挖光，最后夺了我的军旗。

我问他，下军棋什么时候觉得最过瘾，他说是在司令吃我军长的时候最过瘾。

豆豆对军棋的兴趣，源于一次我们看打仗的电视剧时对解放军产生了兴趣，不停地问我相关的问题。我当时告诉他各种官阶的大小，他听后还是疑惑不断。于是我给他买了副军棋，教他下下棋，顺便认识几个字。

棋子买回来后，我给他画了一张官阶序列表，从司令到小工兵，再到地雷和炸弹。走棋的时候，谁能吃谁只要看一下官阶序列表就知道。豆豆此时虽然认识一些字，但棋子上有很多字他还不认识。不过问题不大，通过几盘战斗，他就基本上都认识了这些棋子。

有一次，我为了考考他是不是真的认识棋子上的字，我把工兵的"工"字用手盖住,问他"兵"是什么字。

他看了看说:"这样我不认识,把整个棋子给我看就认识。"

我把整个棋子给他看,他果然能认识是工兵,进而说出刚才的字是"兵"字。应该说,这就是幼儿形象思维的一种表现。在教他认识棋子的时候,我告诉他这枚棋子是"工兵",于是"工兵"就作为一个整体形象,被他摄入脑海中。当看到整枚棋子的时候,他就能从大脑的图片库中提取出来,作出相应判断。而盖住了一半后,让他认字,则需要使用左脑进行分析,此时他还没有建立相关的联结,也就不认识了。

军棋下了一个来月,棋子和棋盘上所有的字他就完全能够熟练认识了。我数了一下,共有20多个字,通过游戏,他毫不费力地认识了,这也是一件可喜的事。

对于军棋的游戏,我只教了他两人翻棋对战,这种规则对他难度较小。即使这样,作为一种较好的益智游戏,这对他的智力发展也是大有裨益的。对战过程中的攻防、保护、机动,以及弃子策略、快攻策略、阵地策略等,都需要较高的思维能力。

即便是在军棋规则之外的小动作,也是以思维活动为基础的。和他下军棋,他基本上是只能赢不能输,为了达到赢棋目的,他可以不择手段。第一招是在摆棋子的时候动手脚。有一次,他主动提出来所有的棋子他来摆,结果走棋的时候才发现,他把我的司令夹在我的两颗地雷之间,动弹不得,他的司令则放在我的军长和师长旁边。第二招是不让我吃他的棋子,尤其是不肯让我挖他的地雷。第三招是及时搬救兵。棋子下到后半场了,看看不行了,马上向老妈求救。如果老妈也帮不了他,就说是老妈输掉的,不关他的事。对于三四岁孩子的这种要赖皮行为虽然是很常见的,似乎是可以理解和接受的,但家长必须告诉孩子游戏和生活的区别,在游戏中可以谦让和更改规则的,但在社会生活中则不可以。

游戏的目的首先是满足幼儿的娱乐和好玩心理,获得成功的喜悦。在下军棋的过程中,相互追逐、吃子的过程,挖地雷的过程,都充满娱乐性。但对儿童来讲,最值得高兴的还是享受胜利的喜悦。所以,只要能够满足幼儿的这种喜悦,家长作为一个对局的"失败者"并不可耻,相反,是可敬的。

其次是满足幼儿自我表现、自我肯定的需要,让幼儿在游戏中获得影响与控制环境的能力,建立起自信心。在军棋这种复杂的游戏规则中,幼儿通过对

"军队"的调度与指挥,最后成功击败对手,是很有成就感,很能培养自信心的。

最后才是在游戏中学到一定的知识或者获得一定的技能,比如,在下军棋时学会了认相关的汉字,知道官阶等级,学会灵活运用军棋规则等。这一点,在很多家长看来可能是最重要的。其实在实际活动中,它的作用是最次要的。因为,对于幼儿来讲,知识技能的获得往往是居于次席的,居于首要位置的是心智的发展、过程的体验和经验的获取。

当然,对于孩子下棋时的耍赖行为,家长要注意两点:

一是不能因此而产生争执。家长要记住,你和孩子下棋,不是为了和他争得一个赢棋的结果,而是为了孩子的发展,为了孩子的快乐。家长如果因幼儿的一个赖皮行为而相持不下,最终会导致孩子不满,甚至拂袖而去,产生更大的弊端。

二是尽量淡化孩子的耍赖行为,不把"耍赖"这个词语挂嘴上,说孩子是"耍赖鬼""小赖皮"之类。对于孩子的有些小动作,比如在摆棋子时的小动作,家长可以当时当作不知情;对于孩子不让自己挖地雷之类的行为,家长可以采用适当的方法折中妥协。比如,在一盘结束后,两人进行复盘时,指出孩子的不足。因为此时他们已经得到了赢棋的结果,此时指出他们的不足,他们更容易接受。如果家长把孩子赖皮的行为挂在嘴边,则会强化孩子的这种行为,甚至会将下棋时的这种行为迁移到生活中。

为了激励豆豆做一个好孩子,在家里,我任命他为小排长,告诉他如果表现非常好,就可以升一级,表现不好就要降一级。前两天因为他吃饭比较好,学轮滑也认真,我就宣布让他当连长了,他高兴得乐呵呵的。把下棋与生活联系起来,幼儿下棋的积极性会更高,而下棋意义的外延则更加扩大了。

11 让纸慢慢落下来

豆豆上中班的时候,每周二晚上,如果没有特殊情况,我都会给他和邻居果果上一节思维训练课,我们美其名曰——快乐一小时。

这个快乐一小时,我通常通过游戏、比赛等活动,让孩子们去认识数、观察、体验、动手动脑等。所以,虽然幼儿园里的一节课是 20 多分钟,而我的课大约1 小时,孩子们也不会觉得时间很长。

记得第一次课,我培养孩子们对数的认识。我先拿出两个骰子,让两个小朋友掷骰子比赛,把两个骰子的点数相加,谁的点数多,就赢得一颗围棋子。第二个活动是用赢的棋子在围棋盘上围地盘,看谁围得地盘大,谁就赢了。

第一个活动培养孩子的计数能力,有加法,有比较数的大小。第二个活动让孩子尝试了解面积大小与周长和形状的关系。第一个活动结束后,豆豆的棋子比果果多一颗,但最后他围的地盘并没有比果果大。孩子们觉得很奇怪,我就让他们观察围成不同的形状与地盘大小的关系。最后,我并没要求孩子得出一个结论,但他们对此有了一个初步认识。

第二次课,果果有事不来。吃过晚饭,我和儿子玩让纸慢慢落下来的游戏。我提出规则:可以改变纸的大小、形状,还可以借助别的东西,谁的纸落地超过10 个数字谁就成功了。

豆豆说纸越小肯定落下来越慢,他首先把纸撕成米粒大小,然后松手让它自由下落,结果他刚数到 8,小纸片就落到地上了。

我则把纸折成一个 Y 字形,打算让它螺旋下降,但捣鼓了半天,都不是很理想。经过几次尝试,实验终于成功了,Y 形的纸下降到地面上用了 11个数。

豆豆开始怀疑物体越小下降越慢的结论。他拿起了桌上的水彩笔,松开

手,刚数到2,水彩笔就"咚"的一声落到了地上。看来,物体下降的快慢与大小没有太大关系。

豆豆又异想天开了!他把纸片扭成纸条,说是做成一条小龙,让它飞起来。结果豆豆把做好的小龙举高后松开,每次数四五个数字,小龙就落到了地板上。

我让他跟我一起做成Y形小降落伞,他不愿意,用胶水把一些纸条粘成两个小篮子的形状,再站到沙发的靠背上,让它从更高的地方向下落,他同时加快了数数的速度,纸篮子翻转着落地时勉强数到了10。

他高兴地大叫起来:"我成功了!"

这是一个很简单易行的探究活动,它可以让幼儿探究纸在不同形状的情况下的下落,时间也不一样。一张白纸会飘落,把它捏成纸团会坠落,做成Y形降落伞的形状它会螺旋下落,观察它们下落的过程也挺有趣。

最主要的是,它能激发幼儿去想更多的方法改变纸张的形状,探究怎样让它下落得更慢。虽然它不一定成功,比如豆豆会把它搓成纸条,也想过把它撕得非常小,还想过把纸的一半塞进水彩笔套里,虽然没有成功,但这个实验的过程很有价值。

最有趣的是,孩子会把童话式的异想天开也带到探究活动中来,比如豆豆说做一条小龙,让它飞上天!我们不能对此嗤之以鼻,这是他们丰富想象力的体现。

对于幼儿来说,他们体验了,就成功了,就达到目的了。而一定要他达到一个最佳的预期效果,或者说让他们能够明白一个道理,得出一个结论的想法是不切实际的,也是没有必要的。保持幼儿的童心,激励幼儿探究,和他一起去找答案,这是家长和幼儿教师需要做的事。

在随后的快乐一小时的活动中,我们进行了三个方面的活动。

一是认识数的活动。包括抓出一大把有黑有白的围棋子,让他们很快地数出个数;拿出很多打乱的扑克牌,让他们找出几张牌,这几张牌刚好能凑成10;拿10元钱去超市购物,要刚好用完10元钱,不能多也不能少;等等。这些活动,孩子们都很喜欢,在活动中,他们对数的认识很自然地提高了。

二是培养观察力的活动。比如观察报纸上的新闻图片,说说大概的意思;在五宫格里找出无规律排序的1~25个数字;找两幅画的不同点;等等。

三是做实验,培养观察思维力和动手能力。比如比较两杯水的多少;观察鸡蛋在水中的沉浮;用醋泡一个有弹性的鸡蛋;让硬币在水上浮起来;猜猜一满杯水里能装进多少枚硬币;等等。

所有这些活动,有趣是第一要素,在一小时里开展好玩的游戏,孩子才会乐意参与,才有培养孩子能力的可能性。这种有趣来自于他们探究的需要,比如用醋泡一个鸡蛋;来自于他们对生活体验的需要,比如拿钱去超市购物;来自于游戏比赛的需要,如掷骰子;等等。

活动保持有趣的同时,还要把活动的效果显现出来,让孩子在活动中获得能力,培养情感。比如在超市购物过程中,他们先要学会观察物品的标价,再要学会计算物品的价格,能把它们加成 10 元,这就是能力培养的表现,还包括幼儿自己付款的生活自理能力,观察认识购物小票的能力;还会让幼儿学会排队,学会与收银员沟通,以及思考把 10 元钱买的商品都给自己,还是准备和家人分享等。这些培养都是潜移默化的,是润物无声的,更能让幼儿获得亲社会行为。

12 钓鱼比赛

这些天,儿子身上一直发出一些红疹子,热的时候多,凉的时候少。用儿子的话说:"这些豆豆喜欢热,怕冷的。"带他去医院看过后,在医院的小店里又买了一套钓鱼的玩具给他。这种玩具由钓鱼竿和一些小鱼组成,钓鱼竿有可收放的线,线上装的不是钩子,而是一个小磁铁,小鱼的嘴巴上都装有一个小铁片,磁铁吸住小铁片后,鱼就可以钓起来了。

这已经是第二次买这套玩具。上次买的钓钩坏了,我把一块小磁铁系在线上当钓钩,他不喜欢。

回到家里,他马上坐在阳台上,把几条小鱼放在脸盆开始钓鱼了,一边钓一边说:"钓鱼季从今天开始!要挖一点蚯蚓,没有蚯蚓没办法钓鱼的。"

我见他玩得高兴,就和他进行钓鱼比赛,让他学点知识。

我们把上次买来的十几条同样的鱼都倒进他的小脸盆里,再拿出那根修理过的钓鱼竿,一切准备就绪。

一声"开始"后,我们紧张地忙碌起来。我仗着自己丰富的经验,先把那些嘴巴朝上的鱼"吸"了起来,一会儿就"钓"上来三四条。

儿子因为平时操练得多,动作也很快。我们两人一边钓一边数着自己的成果,真是棋逢对手,不相上下。

眼看小盆里只剩下两条鱼,我的数量又比他多了一条,他马上就要输掉了,他就把我的钓鱼竿挡住,说我要钓的那条鱼是他养的,我不能钓。

这样,第一次比赛以豆豆多一条鱼而结束。他有些得意,我说:"你先不要高兴得太早,等会输了不要哭鼻子。"

豆豆也说:"老爸,再输一次,你不要哭鼻子。"

第二次比赛,我特意把钓鱼线收到最短的程度,以提高钓鱼的准确性。这样在他还没反应过来之前，我已经把大部分的鱼收入囊中，这一局，结果很快见分晓。

他输得莫名其妙，我让他看我的钓竿、钓线和他的有什么不同，他发现了我的钓鱼线非常短。我又让他观察钓鱼线长短与灵活性的关系。经过试验后，他终于明白，线太长晃来晃去准确不够，线最短的时候准确性最高。这大概是比钓到大鱼更大的收获吧。

第三次比赛，他也把线收到最短的程度，在我的"故意"失误下，他又赢得了第三局。

快乐是幼儿游戏的第一需要。所以，家长不要在比赛游戏中挫伤孩子的积极性，要让他们赢得比赛结果，这样他们才会有兴趣继续今后的游戏，同时又培养孩子的自信心。当然，让孩子赢得比赛的结果，需要的是家长巧妙地输给孩子，而不是明显地让孩子赢，那样孩子也不会太高兴。例如，你和孩子下围棋，如果孩子每次都输给你，下次他再也不愿意和你下。如果你设计一个规则，比如让他九子，或者在一些关键点位上提示他，让他赢多输少，他则乐意和你下。

获得智慧是游戏的第二目的。如果孩子在游戏中受到某种启发，懂得了某些道理，那么，游戏的作用就扩大了。比如这个钓鱼的游戏，如果孩子也能明白先易后难，先把嘴朝上的鱼都钓起来能更快地赢得比赛，同时又发现最短的钓鱼线更能加快钓鱼速度，能把这两者结合起来，那就在游戏中变得越来越聪明了。

13 饭后散步

　　吃过晚饭,如果没有其他安排,我都会带着儿子去散步。出门时我给他带一瓶水,他自己通常会带一个小玩具:一个小魔方、一辆小车或者一个小塑料昆虫什么的。今天他带的是前一天刚做好的纸工小房子。

　　我们一路走,一路聊着天。儿子告诉我今天班里来了个新同学,现在是六个人一张桌子,桌子是六边形的。

　　来到楼下公园,儿子一会儿在花坛边的石条上走平衡,一会儿在浮雕石墙上练习攀岩,一会儿爬上健身器械骑马。这些都是他每天散步时的常规动作。所谓的散步,对他来说就是综合体育游戏。

　　在公园里玩了十几分钟后,人实在是太多了,有打太极拳的,有跳舞的,有滑板的,有散步的,有遛狗的,我们决定到学校跑道上竞走。

　　跑道上竞走的人也很多,豆豆跑在前面,突然他冲进前面的人群叫道:“乐乐!”

　　我快步追了上去,果然看到妻子的同事带着儿子乐乐也在竞走。

　　豆豆马上向乐乐炫耀他的玩具:“乐乐,我有一个小房子。”天已经黑了,但借着灯光,小房子的外形还是能看清楚。乐乐虽然嘴巴上没有说要玩,但显然是非常想要。

　　我说:“豆豆,能不能把这个小礼物送给乐乐?”

　　豆豆说:“不行。他追上了我就送给他。”说完他就撒腿跑开了,乐乐显然没准备好,直到豆豆跑到沙坑边也没追上。

　　“那就借给乐乐玩一会吧。”在他还犹豫的时候,我就把小房子递给了乐乐。

　　豆豆怕这个小房子被乐乐占有了,很不乐意。我就说:“这样吧,你们玩一个‘我藏你找’的游戏,豆豆把小房子藏起来,乐乐找到了就给他玩一会儿。”这下两人都同意了。

操场跑道上光秃秃的,操场里面的草坪也被修剪得只剩下草根了,显然没办法藏。我带着豆豆走到操场边有几段木头的地方,教他把小房子藏在木头的下面,然后故意站在离木头远远的地方。

乐乐果然很久都找不到,最后在乐乐妈妈的帮助,才在木头下面找到了。

接下来该乐乐藏,豆豆找。我让豆豆背对着乐乐,等着乐乐去藏。天色很暗,人也很多,乐乐和妈妈走到操场的另一边。等了两分钟后,我们走到乐乐旁边开始找起来。豆豆找了半天也没有找到,我走到乐乐旁边,看到乐乐一直朝一棵桂花树下面看,隐隐约约看到树根部有一个小房子。我对豆豆说:"豆豆,来这边找。"豆豆走过来,终于在树底下把小房子找到了。

几个轮回下来,乐乐对小房子的好奇心也没有了,豆豆对乐乐的戒备也放松了。两个人玩得非常融洽,分手的时候还约定明天再一起玩。

晚饭后的散步,对幼儿和成人来说,都是非常利于健康的。相对于幼儿,他们能得到的收获更多:有新的发现,有观察力的提高,有新知识的获得,更有小游戏给他们带来的愉悦,更重要的是在散步的时候,通过与他人的交往,能提高幼儿的交往能力,比如,与其他幼儿的交往、游戏、纠纷解决,与成人交往的礼貌、对话交流,等等。

因此,父母陪幼儿散步,应该以幼儿为中心,尊重幼儿的意愿,引导幼儿去观察、发现。比如,指导幼儿去捡银杏树落下的黄叶和银杏果,观察它们的形态,讲解相关的知识,同时回答幼儿形形色色的提问。

走出家门,出门散步,每天会有新发现,每天会有新收获。

14 "童玩节"戏水

打算去"童玩节"戏水乐园已经很久了,终因各种原因没去成。一个周日,而且好像是阴天,我们就抓住暑假的尾巴,带儿子去玩水。

杭州"童玩节"其实就是儿童戏水乐园,由相互连通的四个大戏水区组成,每个戏水区都有标准游泳池大小,只不过池水只有膝盖深浅,每个区玩水的内容也都不一样。

来到水池边,豆豆刚开始还不敢下水,只在水池边走,我叫他走到水池中间,他说害怕不肯下。我不由分说,一把抱起他,把他抱到水池中间,放进水里,他发现水只没过他的膝盖,也就放心地在水里玩了起来。

第一个水池,我们在喷泉区踩喷泉,感受喷上来的水冲击脚底板那种痒痒的感觉,然后我们再让水从脚趾间喷出来,变幻出各种造型,有时候像瀑布,有时候像飞溅的珍珠,有时候像薄雾。

第二个水池有一个大型喷水探险区,凉凉的水从走廊的四周喷出来,时而像交织在一起的火力网,时而像深山的雨雾。我让豆豆和我一起去探险,他因害怕不肯去,我便一把抱起他,冲进了雨雾。在大雨的浇灌下,豆豆和我都睁不开眼睛,好不容易从探险区跑出来,豆豆已经是一把鼻涕一把眼泪了:"我叫你不要去,你还一定要去!"

第三个水池有两个水滑梯,一个是建在海螺壳里的高高的旋转滑梯,一个是小鸭背上短短的滑梯。一开始,豆豆不敢玩大的水滑梯,只敢玩短短的水滑梯,我和他一起从小鸭背上滑下来,我坐了个屁墩儿,他则很顺利地滑了下来,并且叫道:"我成功了!"玩够了小滑梯后,一不留神,他偷偷溜到了大水滑梯上面,我站在出口处等他,发现他很快冲了下来,脸色吓得惨白,后脑勺还在滑梯上撞了一下。我一把抱起来,连忙夸他很勇敢!问他还要不要再玩一次这个游戏，他连忙摇头。

第四个水池有一个大大的滑水斜坡，可以六个人并排从上面同时滑下来。我把豆豆"骗到"了上面，叫他和我一起滑下来，结果他站在上面，看到坡面实在太高了，就说什么也不敢，只能从后面的台阶上灰溜溜地走下去了。不过他对这个水池喷水的大炮和跷跷板都非常感兴趣，不停地用喷水的大炮去攻击别人。被攻击的人看到豆豆是个小不点，也不生气。

我们从上午 10 点多，一直玩到了下午 2 点多，其间只吃了点中餐。回家之前，豆豆还要再去走一下水雾迷宫，还去买了一对寄居蟹回家养。

豆豆在回家的路上说："想不到还真好玩，下次还要再来。"

我可不想再来了，一天的骄阳早已把我的皮肤晒得火辣辣的痛了。

这次玩水给豆豆带来好处：第一次与水亲密接触，消除了对水的陌生感和恐惧感。在这之前，豆豆并没有走进过这么大片的水域，因此，他内心里还充满着陌生与恐惧，并不敢走到水中间。在我抱起他，把他放入水池中央后，他发现并不可怕，还有些好玩，于是和我一起开心地参加玩水的游戏。

15 摆 地 摊

不知从什么时候起,小区公园里摆了很多地摊,都是卖儿童玩具的。每次豆豆到公园散步的时候,都会在这些地摊前一一驻足。有时候对这些玩具要评点一下,有时候还要去摆弄一下。大多情况下我们是不买的,偶尔也会买一两件小东西,如喜羊羊大刀、旋转飞盘等。

一天下班了,我看到豆豆在客厅地上摆起了地摊。他先把报纸铺在地板上,再把家里的一些小玩具,纸工、小车、爆丸、水枪、玩偶等整齐地摆在上面。

我问他:"你在干嘛?"

他回答:"卖东西。"

我详细问了一下各种玩具的价格,发现他定价基本合理。纸工1元、小车5元、爆丸10元。为了支持他的行为,我用10元钱买了个爆丸。他看着亲手"挣"到了10元钱,顿时乐不可支,开始高声地吆喝起来:"快来买呀!快来买呀!买玩具了!"要知道,这段时间他对钱很着迷。以前他对钱无所谓,过年的压岁钱都交给我们。自己积攒100多个1元硬币,也很少去关心一下它的增减,但最近他不太喜欢1元的小钱了,喜欢大面值的,喜欢向我们讨百元大钞。这也许是他对数字的概念更明确的缘故。

可是家里的顾客有限,除了我和豆妈支持一下,基本上没人光顾。他又不愿意失去这个一本万利的赚钱机会,于是客厅里的这个地摊就成了钉子户,占据着客厅好多天。直到有一天家里要来客人了,我跟他商量,东西先收起来。过两天再摆出来,他才同意。后来,我们想出一个更好的办法,把他的地摊设在了他的玩具区,除了摆在地上外,还有一个架子和一个箱子。这样他的"商品"更丰富了,也更整齐了。家里大部分玩具都参与其中了,有些小破损的也因此得到了修复。

因为有了更多的商品,价格也更多样,很多商品的价格大大超出了 10 元,我就故意引导他使用带有零头的价格,如 17 元,20.5 元,这样更利于在买卖过程中培养他的计算能力。

后来,我们规定了每天晚饭后作为市场交易时间。这样促使他每天很快很好地吃饭,吃完饭后去整理自己的商品,我们再去选购。我们还郑重其事地给他准备了一个收钱的钱箱,50 元的启动资金,还有一张记录每天交易额的清单,让他每天交易完后记下当天的赢利情况。

这样他的劲头非常高,第一天就赢利了 20 多元。有时候,我买走的东西又重新放在他的货架上,让他帮我代销,这样他既可以赚取中间的差价,又能维持他的商品的丰富性。一段时间下来,他的计算能力大大提高了。他以前只喜欢做加法,很畏惧减法,现在 20 以内的减法也基本没太大的问题。有时候我要一次性买多个同样的商品,他对乘法的概念也逐渐明晰起来。

事实上,我发现豆豆喜欢做商品买卖游戏是在 4 岁的时候。那时候,我给他和邻居小伙伴每周玩一个思维能力培养游戏,有一次游戏的内容就是"超市购物。"

第一步:我先在白纸上打印一些 10 以内的数字,作为商品的价格,然后让他们把这些价格剪下来,用双面胶贴到玩具上。

第二步:让孩子们创收,赚取属于自己的筹码,准备购物。我先给每个人发一叠扑克牌,让他们把自己的扑克牌的点数换成筹码——围棋子——一颗棋子代表 1 元钱。

接下来,我让他们通过计算两张扑克牌点数的方法再多赚一些筹码,以便可以购买到更多的玩具。我从一叠扑克牌中随机抽取两张,让他们抢答相加后的数字。扑克牌的数字都很小,两个数相加也很少超出 10,对他们来说难度并不太大。虽然两人经常要掰手指头,但有趣的是,他们抢答的意识要比他们的计算能力强多了,两张扑克牌翻出来后不管有没有算出来,都第一时间举手抢答。这样,经过几轮的抢答,两人都赚到了 10 多个筹码。

第三步:买玩具。20 多个贴好标签的玩具摆在餐桌上,算是超市。孩子们拿着筹码来选购喜欢的玩具,一个 2 元钱的玩具就付给我 2 个棋子。筹码比较多的时候,用筹码付款很容易。到后来筹码不多时,要买到合适的东西就需要思考了。比如,豆豆最后只有 6 个棋子,但又没有 6 元钱的东西,怎么样才能刚好把筹码用完,确实难倒了他。最后在我的提示下,他买了一个 4 元的小鱼和

一个 2 元的小车。

第四步：按照同价的原则自行交换玩具，再把买到的玩具分类。豆豆很听话，也喜欢这个活动。他买的鱼比较多，把在水里游的分成一类，另外分成一类。这种分类并没有错，但错在他把鳄鱼也归在鱼一类里。

那一次，近两个小时的课很快就结束了，两个小家伙还意犹未尽。要知道，他们幼儿园一节课才 20 来分钟。

有了这些模拟训练作为基础，我们就开始实战了。我给他们每人 10 元钱，带他们去超市购物。要求他们必须刚好用完 10 元钱，而且买的东西必须多余一个。

第一次有了可支配的钱，小家伙们很兴奋。在二楼的食品区，我先教他们看价格单，大多数商品都有小数，我就教他读小数点前面的数字，同时告诉他们有小数的商品我们不要买，因为这还太难了。在寻找整数价格的过程中，豆豆首先发现了糖是 2 元钱一包，他高兴极了。但 10 元钱可以买几包呢，豆豆为难了。他又习惯性地掰手指头，数了半天没有数出来。豆妈拿出糖，一包一包加起来，让他加到 10 元，最后数有几包。这样豆豆算出来有 5 包，于是他就决定买 5 包糖了。我们告诉他糖只能买一包，再买些别的东西，于是两个小朋友各自买了一包糖，再花 3 元钱买了一盒牛奶，花 5 元钱买了一包饼干。这样，刚好 10 元钱。排队付款的时候，两个小朋友那个自豪、高兴的劲头啊，就别提了。

中班快结束的时候，豆妈学校里小学生入学面试，我也带豆豆参加面试了，结果数学计算题他都能做出来。

我们看到，在购物游戏中，孩子是全身心投入的，效果是非常好的。他们其实并不知道自己在学习，乐在其中，其原因有二，一是趣味性，二是真实性。

趣味性，就是游戏和活动本身非常有趣，幼儿非常主动地参与其中，而不是家长强迫他们进行。豆豆在家里摆地摊是他自己在以前的游戏和看到公园里地摊的基础上，主动摆出来的。家长在此的作用是配合他们的游戏，引导他们的游戏和学习紧密结合。

真实性，就是家长和幼儿在游戏过程中，尽可能地做到与现实生活结合起来，以激发他们的参与热情。比如，在家里摆地摊购物时，家长最好用真钱交易，交易过程中还可以象征性地讨价还价，最后让他们记下一天的交易账单。带他们去超市购物的实践活动，更是与现实生活结合，满足了他们参与社会、独立自主的心理。

很多父母在孩子很小的时候也很注重孩子计算能力的培养，以使他们进入小学后能够轻松应付数学课。但他们经常是给他们买来作业本，用教小学生的方法来教他们，告诉他们算理，指导他们列式。这样一来，搞得孩子最后兴趣全无，甚至对数学有些惧怕。

当然，也有些幼儿在数学方面有独到的天赋，他们对数字天生敏感，对计算有天生的领悟能力。比如，同事的儿子旺旺在幼儿园中班时，三位数的加减法口算都能对答如流。对这样的孩子当然应该另当别论，而对大部分幼儿，家长需要做的是两件事：一是在游戏中培养他们对数字的兴趣和计算能力；二是在生活中进行运用，巩固兴趣和能力。其中第一点最为重要，兴趣是最好的老师。幼儿通过游戏，在不知不觉中学习数字的加减，同时通过游戏接受家长计算方法的指导，甚至要求家长教授计算方法。这个时候，家长的教育就成功了。

16 克服恐惧

我儿时最惧怕医生,惧怕打针。我至今清楚地记得在我四五岁的时候,一天,家中来了几位叔叔在聊天,看到我走过去,他们对我说下午医生要来村里,给小朋友打针。我信以为真,马上躲进了村口的竹林里,天黑了还不敢回家。

每个孩子都有恐惧的事情,比如怕黑、怕火、怕虫子,等等。打针尤其令孩子恐惧,因为每个孩子都会遇到打针的情况。长长的针头扎进身体,疼痛不说,有时候把血抽出来,有时候把药水打进去,这个过程对孩子来说确实太恐惧。

所以家长如果不在事前做好心理安慰与正确引导,会引起孩子极大的恐惧和巨大的反抗。

有一次,我带豆豆去医院抽血,看到一个同龄的小男孩拒绝抽血,在验血窗口前疯狂哭闹,疯狂挣扎。孩子的爸爸,一个人高马大的男人就是按不住他。孩子凄厉地哭喊,整个嘈杂的大厅都被他震惊了。抽完血后,孩子还在大叫:"还我的血!还我的血!"真让人好气又好笑。

豆豆在这个小男孩之前也抽了血,此时我正帮他按着棉球坐在旁边的椅子上。他刚才抽血的时候很配合,不哭不闹。此时则一脸惊恐和迷惑,想想如果他在这个哭闹的小男孩之后抽血,肯定没有现在的镇定。我为了分散他的注意力,和他聊天:"豆豆刚才表现太勇敢了!你觉得是抽手臂上的血痛还是手指上痛?"

"还是手指上痛一点。"豆豆回答。

每年幼儿园里体检都是手指验血,这时候很多幼儿胆怯,也有很多幼儿在教师的鼓励下排好队伍一个个验血。豆豆也都勇敢地排到队伍的前面,走到医生面前后伸出手指说:"戳一下就戳一下吧。"大有视死如归的勇气。

最初豆豆不仅害怕看医生,怕打针,连看到体温表都莫名地恐惧,看到体温表会本能地躲开，更不敢去拿，似乎体温表会给他带来伤害。每次打吊针都要大哭不止。

在他略微懂事之后，每次去打预防针之前，我们都会告诉他去干什么，并且告诉他打针是为了不生病，是为了让病快点好起来。

我们还用绘本上小乌龟的故事引导他：从前，有群小动物去打预防针，虽然有点痛，但大家都很勇敢地让医生打针。但小乌龟怕痛，就偷偷地爬到床底下藏起来。结果，天黑了医生走了才爬出来，还被蚊子咬了几口。出来后，小乌龟很高兴：觉得别人都打针了，自己没打针，自己占便宜了。结果，因为被蚊子咬，小乌龟晚上就发烧了，头又痛，很不舒服。妈妈找来医生给小乌龟打了几针，小乌龟的病才慢慢好起来。小乌龟发现，和生病的痛苦比起来，打针不太痛。

"打针不太痛"是我们鼓励他的口头禅。

3岁的时候，豆豆有一次趴在沙发上一只手支撑着身体，一只手拨电话，一不小心，支撑的手没撑住，肘关节脱臼了，他马上吓得大哭起来。我们马上把他送到医院，年轻的医生看了豆豆的情形，便手在豆豆的肘关节上摸了一下，脱臼的手马上就复位了，并且能用手拿东西了。

这次医生在豆豆心目中的形象也大为改变，连声对医生说"谢谢"。

为了更彻底地改变他对医生和打针的恐惧，我还是想到了游戏的方法，因为孩子最喜欢的就是游戏。我就和豆豆开始玩到医院看病的游戏。

开始是我当病人，豆豆当医生。这样一方面让他有成就感，另一方面可以消除我当医生给他带来的恐惧。我捂着肚子，一边"唉哟""唉哟"，一边说："医生，我肚子痛，快给我看看。"豆豆不知说什么好，也不知该干什么，我就引导他："医生，我是不是糖吃得太多了？"

豆豆这才说："是的。"

"我要不要打针？"

"要的，吃点药吧。"豆豆装模作样地把药塞到我嘴里。我问："医生，你给我吃的是什么药？"

"黄药。"

"好了，我肚子不痛了。医生，谢谢你，你的药真灵！"

豆豆得意地笑了。

接下来，我当医生，豆豆当病人。豆豆学着我的样子，捂着肚子走过来。我故意把手机的充电器挂在脖子上当听诊器，豆豆见了，很害怕这个"武器"，不让

我拿这个"听诊器"去碰他(平时在医院里看病,每次医生拿着听诊器说要和他打电话就大哭)。看来他真的进入角色了。

我只好说:"你是病人,一定要听一下的。不然病治不好了。"我把"听诊器"放在他胸口,说道:"啊,听到肚子在咕噜噜地叫,你是不是吃什么东西吃坏了肚子?"

"是的。"豆豆说。

我又拿着"听诊器"放在他背后听,然后说:"啊,问题很严重,你是不是光吃菜,不吃饭?"

豆豆又点点头:"是的。"

我说:"看来要打针了。以后要又吃饭又吃菜,才不会生病。"我把豆豆的屁股翻过来,拿出一支棉签,装模作样地给他打了一针。

豆豆似乎感觉到自己学习到了当医生的一些方法,这次他又要求当医生,学着我刚才的样子拿着充电器在我胸口听了听,说:"要打针了。"

我马上装作很害怕的样子:"医生,我很怕打针的,是不是很痛啊?"

"打针不太痛。"豆豆学着我们平时的口气。

"那好吧,打轻一点啊。"我又装出很勇敢的样子。豆豆用一个棉签在我手上装模作样地打了一针。

通过游戏,豆豆似乎也觉得打针看病不是一件很神秘很可怕的事。

在第二次的游戏中,我又添了一件道具——体温表。一开始他又本能地拒绝,后来在游戏中发现它其实并不可怕,就如同筷子、勺子一样,就是一件普通的东西,并不会给身体造成任何影响。因此,豆豆也就接受了体温表,消除了对体温表的恐惧。有时候他感觉不舒服的时候,我们在家给他量体温,他也不再拒绝,还要把体温表抢过去看温度。

现在,豆豆身体比较棒,很少去医院。偶尔去一次医院,也非常配合。

家长要想克服孩子的恐惧心理,要做到以下几点。

首先,一定要自身镇静自若,不要给孩子传递一种恐慌情绪。有时候孩子遇到了危险,他们并不恐惧,倒是家长的态度吓着了孩子,让他们大哭起来,从而让情况更糟糕。

其次,要告诉孩子道理,让他们明白打针的后果,知道打针是为了治病,是为了少受痛苦。打针的痛和病痛比起来,要小得多,轻得多。

最后,要激发孩子的勇气,给孩子讲勇敢的故事,参加勇敢的游戏,参与勇敢的群体。幼儿园的小朋友一起体检,有几个勇敢的小朋友带头,大家就会都勇敢了。

当然,孩子有了打针的勇敢表现后,家长进行适当的物质奖励和精神奖励都是必要的。

17 早期阅读

植物的颜色是怎么来的？蚱蜢一天吃几餐饭？蜘蛛网为什么不会把蜘蛛自己黏住？什么东西是数不清的？马岱是怎么死的？

这些问题正是豆豆在成长过程中提出来的。他爱看书，并在看书的过程中获得了知识，同时产生了很多疑问。这些疑问正是他阅读思考的产物。

豆豆看书，也就是我们陪他一起读绘本等读物，严格来说叫亲子阅读。专家说，早期阅读可以从0岁开始，也就是说，孩子还在妈妈肚子里，妈妈就可以捧着儿童书籍进行胎教。

有很多专家把早期阅读的概念泛化，认为与声音、图像、文字相关的活动都可以称为早期阅读，比如听录音带。我认为不妥。以此类推，看电视似乎也能算是早期阅读活动了。其实不然，早期阅读的对象一定是图书。

因为婴幼儿不识字，生活经验不足，阅读能力有限，故早期阅读需要家长的帮助，以家长读、孩子听为主，中间可穿插交流和互动。如果孩子识一些字的话，也可以简单的语句由孩子来读。

苏联教育家苏霍姆林斯基说："孩子的阅读开始得越早，阅读时思维过程越复杂，对智力发展就越有益。7岁前就学会阅读，就会练成一种很重要的技能，边阅读边思考边领会。"他的观点在豆豆身上体现得比较好。

我们从豆豆1岁开始，就坚持和他一起亲子阅读。6年下来，阅读早已成为了豆豆生活中重要的组成部分。他有一个属于自己的小书架，现在书架上的书已经有300多本，已经快摆不下了。

我们外出游玩，他必定要带几本书，因为睡觉前如果不看书，他就不肯睡。幼儿园里老师有时候下午给小朋友看一些动画片，他会一个人去看书，而且得意地说："这时候没人和我抢书，想看哪本就看哪本。"

在和豆豆进行亲子阅读时，我们基本上做到了四个固定。

固定的时间。每天除了豆豆自己不定时看书外，我们固定在睡前进行半小时左右的亲子阅读，雷打不动。

固定的场所。亲子阅读一般都在床上进行，身心比较放松，没有负担，孩子可以带着童话故事情节进入梦乡。

固定的阅读伙伴。通常都是我和豆妈进行亲子阅读。豆豆熟悉我们的阅读方式，更喜欢我模仿不同角色的声音。如果祖辈有文化，能够坚持给宝宝阅读也是非常好的。

固定的图书存放地点。最好给宝宝一个专有书架或书柜，让他们存取方便，养成爱书和有条理做事的习惯，同时也不会东拉西扯，以免看书时找不到。

豆豆的早期阅读，给他带来了很大的收获。

首先，早期阅读让他的语言能力很强。大量阅读后，书上的一些词语和话语在生活中他能够运用出来。两岁多时，他看了《小椅子也有梦想》一书。有一次，他穿着我的大鞋子在家里走来走去，我们问："豆豆，你这是干啥?"他回答："要成为大人其实也很简单。"这正是书中语句的灵活运用。中班时，豆豆从幼儿园回来告诉我们，班里的阿姨换了一个人。我问她："知道新来的阿姨的名字吗?"他回答："原来的阿姨名字都不知道，且不要说新来的。"进入大班后的国庆节，我和朋友一家去象山游玩。豆豆和小弟弟在车上玩圣士骑兵，冷不丁从他嘴里冒出一句话，让旁边的阿姨大吃一惊："人越大，开心就越少。"这句话我也从未听到过，想必是他原创。

其次，综合概括能力强，知识面比较广。早期阅读让他认识了很多恐龙，知道了地球年代的划分，让他知道了城市自来水的供给方式，了解了很多昆虫的知识……有一次，我带回一只提线小乌龟让他玩，他玩了一下后觉得很有趣，研究后发现了小乌龟爬行的奥秘，恍然大悟似地说："哦，原来里面有一个收绳器!"那次从象山旅游回来，我从地摊上买回一只浑身是刺的海螺。回来后，豆豆问我，这只海螺叫什么名字，我一时也忘记海螺的名字，就说："爸爸也不知道它的名字，你给他取个名字吧。"他看后说："像一只刺猬，叫刺猬螺吧。"看了看又说："又像是鱼骨头，还可以叫它鱼骨螺。"我于是在网上查了一下这种螺的名称，发现还真有称其为维多利亚鱼骨螺的。

再次，学习习惯很好，上课专注，爱惜书籍。有些书因为装帧质量不好，他看过几次后，书页就散开并脱落下来。因为这几本书是他的最爱，每次看这种

书时,他都非常小心和爱惜,翻得很仔细。有时候我在读给他听时,翻得重了一些,他都要提醒我。我在幼儿园里多次助教和听课时发现,豆豆上课非常专注,注意力非常集中,认真听课和回答老师的问题。在豆豆幼儿园的成长档案上,有一次老师写道:课堂上老师提了一个问题,什么东西能穿过弯曲的管子?老师提示光可以的。其他同学都不能回答,豆豆答出了两个答案:声音和空气。

最后,宝宝良好的阅读兴趣、阅读习惯,为孩子的可持续发展奠定良好的基础。有一天我带着一叠刚买来的书,下班回到家里。儿子看到书,马上跑过来问:"爸爸,是什么书?"当我说道是我看的书的时候,他说:"为什么不给我买?以后不是我的书就不要带到家里来。"我听了又好气又好笑。虽然豆豆的话有些极端,但他爱书的热情还是值得表扬。对于他喜欢的书,会一遍又一遍地听你读,直到最后,他能看着图,一字不差地把它背出来。这就是幼儿的学习力。有了这种能力,孩子的学习就不用担忧了。

有些人可能会问:早期阅读有那么重要吗?我们小时候都没有进行早期阅读,现在不都过得挺好,也很有成就吗?那么我们小时候没有早期阅读,而在干些什么呢?跳房子、滚铁环、抽陀螺、拍洋片、打柴、钓鱼、捅马蜂窝。这些其实都是在学习,在大自然中学习,读大自然这本书。

滚铁环要求我们制作跑得最快最稳的铁环,这就培养了我们的动手能力、思考能力。与同伴比赛不服输时,还培养了我们的上进心。

钓鱼是培养耐力、思维能力和探究能力的最好课程。要能钓到鱼,首先要做一根好的鱼竿,再使用合适的鱼饵,观察池塘和小河的地形,浮漂的深浅要适度。这些都是基本功。除此之外,还要了解各种鱼的生活习性。比如,鲫鱼就喜欢在水域的底层活动,所以浮漂要深,它喜欢吃红蚯蚓。而草鱼喜欢在水域的上层活动,最喜欢吃蚱蜢。可以这么说,会钓鱼的孩子一定是聪明能干的孩子,会学习的孩子。

打柴更是一项培养体力、意志力和责任心的活动。柴质的选择,柴量的多少,柴火的捆扎、运输都是考验孩子能力和智慧的事情。

所以,20世纪六七十年代的儿童,虽然没有"早期阅读"这个概念,他们读书很少,但他们在游戏、劳动中阅读了大自然这本书,学到了很多大自然中活的知识,养成了很多优秀的品质,为日后的成功奠定了基础。

而现代的孩子缺少这些锻炼机会,缺少这些体验,只有通过早期阅读来弥补。正因如此,发达国家是非常重视早期阅读的。2002年小布什签署《不让一个孩子落伍》(NCLB)法案,包括儿童的"阅读优先"(Reading First)计划和"早期阅读优先"(Early Reading First)计划。日本早在 1960 年就发起了"亲子读书运动",还将 2000 年定为"儿童阅读年"。而我们国家尚缺少早期阅读氛围,早期阅读的社会组织非常少,读书组织更不健全。

令人遗憾的是,功利性极强的潜能开发、"天才教育"在很多专家和家长那里被推崇备至,而对儿童一些基本的素质教育,如阅读能力,往往被忽视。在语言教育上,更存在着重外语、轻本国语言的倾向。

这里有一个争论非常多的问题,那就是早期识字的问题。很多专家都说,早期阅读不等于识字。这话只说对了一半,还有一半就是,"识字有助于早期阅读"。这里讲的识字,不是指拔苗助长的、机械的、高强度的认字,而是指那种源于兴趣,孩子有内在需求的识字。

儿童在四五岁的时候,就开始对汉字产生浓厚兴趣,马路上的招牌、书上的标题,他们都会试着去认读一下。这时候,如果家长加以引导,教他们认一些常用字,非常有利于他们的早期阅读。

培养孩子的早期阅读习惯,就是给孩子一个美好的未来。

18 成为孩子的圣诞老人

从豆豆会说话开始,每年圣诞节的时候,我都要充当一回圣诞老人。每次平安夜,我和他都要郑重地去厨房挂一只袜子,讨论一下圣诞老人的行程。然后等他睡着以后,我再偷偷地把礼物塞进袜子里。有时礼物比较大,就把礼物放在袜子旁边的灶台上。

2006 年,他的圣诞礼物是两辆仿真的回力小汽车。那时他 25 个月,刚刚会说会走,正对小汽车着迷。那段时间,他正处在学语言的阶段,每天我都带他到小区去散步,教他认识排在马路两边的汽车标志:奥迪、中华、奔驰、宝马、别克,等等。两三个字的音节对他来说掌握起来没有难度,他非常喜欢。得到了两辆小汽车礼物后,他对认识车牌的兴趣又大大增加了,一本小册子上的汽车标志基本上能认出来。

2007 年,"圣诞老人"送给豆豆的礼物是一盒巧克力,盒子外包装上画着闪闪发亮的星星。那时候,豆豆读幼儿园托班了,认识能力、表达能力、思维能力得到了更大的发展。圣诞节前,我问他想要圣诞老人送什么礼物。他说:"我要圣诞老人。"

"家里不是有一个玩具圣诞老人了吗?"

"我要真的圣诞老人。"

"那不行,圣诞老人很忙的,要给所有乖的小朋友送礼物,不能陪你一个人。"

"那我要星星,一闪一闪的星星。"

"我告诉你,乖的小朋友想要什么圣诞老人就送什么,有点乖的小朋友圣诞老人会送一个比较好的礼物,不乖的小朋友就没有礼物了。你想要得到心爱的礼物,就一定要乖,吃饭要好。"那时候他吃饭还经常要外婆喂。我的话显然起了作用，他开始自己吃起饭来。吃完了饭，马上对我说："爸爸，我们去把袜子挂起来吧。"小家伙显然迫不及待了。

豆豆睡着以后，我把一盒包装上画着漂亮星星的巧克力放在袜子旁边。第二天我去上班时他还在梦中。下班回家时，豆豆的兴奋劲头还在，对我讲述拿到圣诞礼物的情境，还给我尝了一颗香浓的巧克力。

2008年，豆豆的圣诞礼物是一袋小恐龙模型，那时他正对恐龙着迷。因为连续几年得到了圣诞老人的青睐，豆豆对圣诞节已经非常向往了，很早就告诉我们幼儿园要在圣诞节这天搞活动，还问我们，为什么圣诞节要在大冬天而不是在夏天。在那几天里，他似乎也比平时乖很多。叫他把摊在床上的玩具收拾好，他马上就动手收拾得干净利落；叫他吃饭不要挑食，也都能把我们夹到他碗里的菜吃掉。平安夜里，我偷偷地把精心挑选的恐龙模型放进了长筒袜里，想象着他第二天得到礼物的惊喜。

令人奇怪的是，绝大多数儿童都对恐龙非常感兴趣，豆豆也不例外。有人说这是人类对这些地球曾经的主宰者惺惺相惜的缘故。这些恐龙模型帮助豆豆认识了很多种恐龙，使他对恐龙生活的年代比我更熟悉。有一次我带豆豆去参观省自然博物馆，博物馆里的恐龙化石和模型众多，对于各种恐龙生活的年代，如三叠纪晚期、侏罗纪、白垩纪等，哪个年代更久远，我都有些糊涂了，就问豆豆，他反而知道得比我更清楚。

2009年圣诞节前夕，我去玩具市场转了一圈。卖玩具的老板向我推荐电子积木，也就是以前的百拼电子玩具。我觉得这玩具挺合适。每天豆豆都要在家和外公搭积木比赛，这回让他玩玩电子积木，初步接触一下电的知识。

那天下班回家时，我把礼物装在一个大袋子里，袋子里面还装有一幅挂历，万一他要查看，可以先拿挂历搪塞他一下。推开家门，豆豆照例在客厅里和外公搭积木比赛，没有在意我带了什么东西回家，我悄悄地把袋子拎进书房，锁进了柜子。

睡觉前，我们又一起去厨房挂袜子。我说挂袜子要用绳子系住，很麻烦，还是直接挂一个袋子算了，一来方便，二来可以装更多的礼物。豆豆不同意，他说只有挂袜子才会有礼物的。这是非常重要的！

我只好依了他，从抽屉里找出了一双新的袜子，拆开包装，两人一边唱着《铃儿响叮当》，一边把袜子挂在了油烟机旁边。

回到房间里，豆豆对我说："圣诞老人还会送我礼物吗？"

我故意说："乖的小朋友都有礼物，你觉得自己乖吗？"

他马上紧张起来，有点委屈的样子："我真怕圣诞老人不送我礼物。"

我说："应该会送的，你还是比较乖的。就是下棋的时候有点耍赖皮。"

这下他更紧张了，似乎要哭出来。我赶紧安慰他："这样吧，你向圣诞老人祈祷一下，告诉他自己还是比较乖的，而且会越来越乖，下棋也不会赖皮了，他就一定会送礼物给你的。"

儿子问："什么叫祈祷？"

我说："祈祷就是向圣诞老人许个愿，告诉他你的想法和愿望。外婆去拜菩萨时说的话就是祈祷。"

他说："我害羞。"

我说："不用害羞的，圣诞老人最喜欢小孩，在他面前不用害羞的。"

他说："那我们一起祈祷吧。"

然后，我们就一人一句开始祈祷起来："圣诞老人，谢谢你每年给我们礼物，今年我也很乖的。而且会越来越乖，下棋也不会再赖皮了。"

说到这里，儿子马上说："圣诞老人，再见！"

他还是有些担心，熄灯好久了，还几次问豆妈："圣诞老人会送我礼物吗？"

我说："是不是送什么礼物不重要，只要他送了，这样就证明你是个乖孩子？"

他说是的。

早上，我们起床时，豆豆醒来了，叫妈妈快点去厨房，看看有没有礼物。豆妈从厨房里把电子积木给他取了过来，他顿时高兴地大喊起来："外公外婆，快来看！圣诞老人送我礼物了！圣诞老人送我礼物了！"

看着豆豆高兴的样子，我们觉得童年的生活真美好！

诚然，豆豆得到圣诞礼物，不仅培养了他的兴趣爱好，还帮助他学到了一些知识。甚至，由于圣诞老人的存在，他学会了约束自己的行为，朝着进步的方向发展，更让他学会友爱、分享、上进。豆豆在幼儿园是人气王，不论男生、女生都喜欢和他一起玩，因为他从不霸道，从不欺负别人，也很少闹别扭。和小朋友一起玩时，受委屈的通常是他。每次去春游，他都要带很多吃的东西，分给小伙伴。过生日的时候，也要买30多份礼物，送给班里的小朋友。不知从什么时候开始，豆豆班里就形成了一个习惯，每个过生日的小朋友都要在班里分享礼物。他也经常收到同学的礼物，有时候是一个魔方，有时候是几支铅笔。豆豆通常都非常珍惜。

但这些都不是重要的,重要的是他得到了一个真正的童年,一个童话般的童年!

童年应该是与童话联系在一起的,特别是幼儿。男孩总喜欢拿根棒子,跑来跑去打妖怪,女孩总喜欢抱个洋娃娃,扮成白雪公主。豆豆也是如此。家里人一起出门散步的时候,他总喜欢叫我们一起扮成《西游记》中的人物,他扮成孙悟空,大家边走边唱着:"都挡不住火眼金睛的如意棒,护送师徒朝西去。"他一个人玩玩具的时候,也总是喋喋不休,扮演着玩具中的各种角色对话。在他的游戏中,玩具都是有生命的,都是可以对话的,都是按照他的世界观在发展的。

有些聪明的父母,把孩子的房子装修成了一个童话世界;有些聪明的父母,和孩子一起猜测小动物在讲些什么话;有些聪明的父母每天给孩子讲一个童话故事;也有的父母,从不关心孩子的内心世界,以成人眼光来看他们,来要求他们。

成人的世界,思维都是以理性而存在,活动都是有目的地开展,不存在童话,不需要童话。于是,我们也以自己的标准去强加给儿童,让他们从幼儿园开始参加各种培训班,学习各种应试技能,告诉他们社会竞争的残酷。这一切,过早地剥夺了他们的童年,剥夺了孩子们童年的幸福和欢乐。

每个父母都希望孩子能超越自己,能有一个幸福快乐的人生。要知道,幸福的人生是从婴幼儿时期开始的,是为人父母最容易把握的,也是孩子们成人后幸福生活的必备阶段!

在孩子们的童话里,他们都是天使,圣诞老人会走进天使的世界。如果童年消失了,童话没有了,圣诞老人也就不复存在了,生活也就少了些期盼。

19 生日快乐

时间过得真快,一转眼,就到豆豆6周岁生日了。

早在一个月前,他就计划要什么礼物,送什么礼物给幼儿园的小朋友。

生日这天恰好是周日,我可以陪他一整天。周六是妻子的生日,我们一起去电子市场买了汉王电纸书。我说是给他们两人用的。儿子不同意,说要去银泰百货大楼买属于自己的爆丸战斗卡。他还处在童话中的年龄,我答应了他的要求。但是在商场里找了半天,没有找到他说的战斗卡,只能退而求其次买了个净水蓝龙爆丸套装,还不错,只花了35元。

礼物有了,生日应该过得更有意义一些。周日上午,我打算带他去浙江图书馆,那里有假日书市,买书很便宜,可以看书、买书,我们还可以去爬后面的宝石山。

走到半路下起雨来,书市肯定没了。买书不行,我们还可以去感受图书馆的环境,可以看书。到图书馆后,雨还在淅淅沥沥地下,院子里的书摊都盖着塑料布。我带着豆豆去图书馆里参观,大厅有还书处、电子阅览室、期刊室、图书室。他对馆藏那么多的图书非常惊讶。我教他在如此多的图书中找到自己想要的书的方法,并现场演示找到写他的故事的那本《家有小豆豆》,他觉得非常有趣。

图书馆里还有一个国画的讲座,一个中老年专家在讲黄公望的画。我带他悄悄地走进去听,但豆豆没兴趣,听了3分钟出来了。

隔壁的少儿图书馆在装修,不开放,书也看不成。正犹豫时,天放晴了,书摊的塑料布都陆续打开来。书还真不少,绘画类、小说类、旧书类、少儿类、时尚类,应有尽有。有10元3本的,有10元2本的旧书,更多的是摊主随意定价的。因为刚才下雨的缘故,来买书的人不是特别多,豆豆在儿童书摊上寻找他的目标,我在成人类的书摊上浏览。半小时后,豆豆选好了他的两本圣士骑兵的书、一本绘本、一本手工书,共20元。我买了一本字帖10元,一本全新的讲解新疆和田玉的书,比较精美,原价128元,只花了35元。我们还买了本20世纪70年代的动物童话故事书,原价0.71元。

书刚买好,天又阴沉下来,两个人提着沉甸甸一袋书,感觉很不错。因为怕下雨,也就没有去爬山,直接回家了。

吃过晚饭,豆豆和豆妈又去订购星期一分给小朋友的蛋糕。那也是生日的重要内容,豆豆班里大部分小朋友过生日都会分礼物,有的是蛋糕,有的是小玩具或小文具。

这一次生日,豆豆表现有进步。

记得5岁生日,豆妈给他买的礼物是巧克力,一共买了33块。豆妈说:"班里32个小朋友,每人一块,多一块给你留在家里。"豆豆说,"班里不是32人,转进来两人,有34个同学。"

豆妈跟他商量,每人分一块,自己只能先不分了,明天再去买一块。如果明天有小朋友不来上学,那就刚好可以留给自己。

这是很有可能的,因为天气剧变,甲流很厉害,有同学不去上学是再正常不过的了。

豆豆不同意:"每人都有为什么我没有?"都快要哭出来了。也是,好不容易等来一个生日,可以分给别人礼物,自己当然也可以有一份的。

看他的神情,我只好答应再去给他买一块。那天户外阴冷,早上还下过雪,虽然已经融化,但改成了毛毛雨,更是恶劣。我把自己包得严严实实的,一路小跑着。

好在超市离小区不远,我一口气跑到超市二楼,找到了同样的巧克力。我把它拿回家时,豆豆正在洗漱间里问:"妈妈,你说爸爸能买到这种巧克力吗?"

生日对于儿童来说是很重要的。他们会很惦记这个日子,可以得到一些礼物,还有好吃的。我们小时候就可以借此要求父母给自己煮一碗糖吞蛋。对于豆豆,我想它的意义更重要的是可以由此在班级中享受一回拥有权利的机会——能给别的同学分发礼物,能成为当天的中心人物,老师会带着大家给他唱首生日歌,说声"谢谢",然后大家一起吃巧克力,借机聊聊天,谈谈生日礼物。

6岁的生日,礼物和聚餐已不是最重要的内容,而把生日过得有意义则更

重要。带他去图书馆,了解借书过程,培养阅读兴趣,给他买书,都是比较好的形式。随着年龄的增大,生日的形式应该丰富,更有意义。

在网上看到一位妈妈,孩子三月份过生日,每年和孩子一起去种一棵树。十几岁后,就种出了一排树了,孩子和小树一起成长,一起成才,很有价值。还有一位朋友,在孩子生日时,带孩子坐两小时的公交车,赶到希望工程办公室捐款,为困难儿童上学助一臂之力,也是功德无量的事情。

而有些父母,在孩子生日这一天,为了让孩子过得快乐,给孩子买很贵重的礼物,或请来孩子的一帮朋友聚餐,开 Party,自己消失。更有甚者,家长会被孩子赶走。似乎孩子开心了,父母就很满足。这种过生日的方式,只能让孩子大一岁,糊涂一岁。

我们倡导,孩子过生日,应该让他大一岁,懂事一岁。孩子大起来,渐渐懂事后,父母可以设计更好的过生日方式,让他们去学习和体验,过一个快乐的生日,过一个难忘的生日,过一个有意义的生日。

20 课外培训班

周五晚上，妻子加班，轮到我送豆豆去小区附近的培训点上积木培训班。这是他最喜欢玩的一个活动，从不缺课和迟到。

培训班只有三名学生，都是豆豆的同学。到教室后，他们就开始了工作，我则坐在教室外面看书。一个多小时后，老师说课上完了，叫我们去看一下孩子的作品，还简单地讲了上课的流程。每个小朋友手上拿着做好的电风扇，有很大的基座，有能转动的叶片。我看更像是风车磨房。

孩子们在老师拍过照片后，把积木拆成了一块块的，放到箱子中。豆豆这一周的学习活动就正式结束了。

大班第一学期，豆豆有两个培训班，一个是跆拳道，另一个就是积木创意。这两个培训班都是豆豆自己选择的。第二学期，豆豆参加了写字和启蒙阅读培训班，他比较喜欢，感觉效果还不错。

有很多朋友对我说，可以让豆豆参加钢琴、绘画之类的培训班，让他从小学习一样技能，有一个比较擅长的兴趣爱好。我想，学习一样才艺技能，有一个健康的爱好是很有必要的，但如果强制让孩子去学钢琴等他不愿意学的内容，那么弹钢琴不仅不会成为他的兴趣爱好，还可能会把他的一点点好奇心和热情消除殆尽，甚至变成让他深恶痛绝的事情。

在培训班的选择上，在孩子其他事件的处理上，家长容易以自己的意志决定孩子的意志，将自己的愿望强加给孩子，给孩子规划好人生轨迹，美其名曰为孩子好，但很少去考虑孩子是否需要，孩子是否适合，孩子是否喜欢。

豆豆两岁的时候，有一次我带他到公园里玩，按惯例和他边走边聊天。突然间，我发现他为了和我对话，小脸仰成了 60 度，十分吃力。于是，我蹲下来，和他平等对话。一会儿，我就感觉很吃力了，并且影响了行走，此时，我只好抱

起他来。我想这就是孩子为什么总是喜欢要家长抱的原因吧。

孩子看事情有孩子的视角，家长看事情有家长的视角，两个视角看到的事物是不一样的。如果你不能让孩子看到你那样的高度，那么，就请你蹲下去。这样，你们才能处于同一平台，你看到的东西才是他看到的，你说的东西才是他能听懂的和乐意接受的。否则，孩子不会理解你，你更难理解孩子。

有一天晚上回家，我兴冲冲地带回一个发光的彩球给儿子，小家伙接过去后马上把它扔到地上。我很生气，问他为什么扔掉。他回答说很害怕！天！我还想责骂他不该不喜欢这个玩具，不该不尊重父母呢！这就是父母和孩子的距离。因为我问了孩子为什么，知道了孩子的想法，才避免了彼此的误解。

这就是尊重孩子的重要性。尊重孩子，就是要把孩子当成朋友，当成一个有独立人格的人，当成一个可以相互促进、不断成长的人。在孩子成长的过程中，我会把他的启蒙画保留下来，把他的学习成绩、身高等按逐年变化绘制成曲线图，从小就教他们唱歌、游泳、吹口琴、钓鱼，带他们到博物馆参观、看展览、看节目，有空还带他们到大自然中去呼吸新鲜空气，下雪天一起打雪仗，酷暑中一起玩水，春天一起采草莓，秋天一起赏落叶。

我有一个朋友也是如此。他从来都没有打骂过孩子，还把孩子当成知心朋友。他经常组织家庭会议，讨论大家共同关心的问题；还组织家庭音乐会，并录制在磁带中。由于家庭气氛民主和谐，孩子生活得无忧无虑。孩子有事也对父母讲，从不在心里放着，出门说"再见"，进门问好，做饭当帮手，饭后洗碗擦桌扫地。平时买菜、洗菜，给父母盛饭、端汤、拿报纸、捶背。他常对孩子讲："我们是父子，也是朋友，我有义务培养教育你，也应该得到你的帮助。因此，要像朋友一样互相谅解，互相帮助。"

当然，尊重孩子，做孩子的朋友，并不意味着要放弃原则，迁就孩子的错误。我们强调给孩子发展兴趣爱好的自由，但并非自由放任，应该把握一定的尺度，提出严格的要求。孩子确实错了，就不能有任何迁就，一定要严肃批评，讲清道理，以免下次重犯。如果是自己也不清楚的地方，就不要自以为是，固执己见。自己搞错的地方，要勇于向孩子承认自己的过失。要用自己的言行、作风给孩子做出表率，引导孩子形成良好的人格品质。

孩子的课外培训以孩子的兴趣为第一原则，同时要利于孩子的能力培养和习惯养成。校外培训良莠不齐，家长一定要仔细甄别，有的不仅学不到东西，还浪费孩子时间，打消孩子学习的兴趣，往往得不偿失。

21 餐桌上的较量

放暑假了,早上可以从容地带豆豆去小店吃早饭。我点了碗拌面。他点了一根油条、一个包子、一瓶早餐豆奶。我的拌面送上来比较迟,等我的拌面吃完,他也吃完了包子和油条。这已是他继昨天中餐和晚餐比我先吃完后,第三次比我先吃完。

要知道,曾几何时,不好好吃饭是他最大的一个缺点。几乎所有吃饭不好的习惯都在他身上有过体现:喂饭、挑食、磨蹭、剩饭、中途离开餐桌,等等。

托班的时候,每次幼儿园回来,问他表现怎么样,他都很平淡地告诉我们:"吃饭不好,哭。"那口气就像讲述别人的故事。因为他吃饭最慢,别的小朋友都吃完了,他还在吃。老师叫大家去上厕所了,他就急得大哭。最后饭也就不吃了,甚至还把吃下去的都吐了出来。

有几次在家里,他要求一个人用小桌子吃。我也同意了,把他的儿童餐椅分成一个小桌子,一把小椅子,让他一个人坐着吃,营造幼儿园里同样的氛围,并告诉他饭一定要吃完。他像平时一样,一个人自言自语,一会儿玩玩勺子,一会儿玩玩手指头,想起来了就吃一口。一个多小时过去了,一小碗饭还剩下一大半。我们早就吃完收拾好餐桌了,他还在自得其乐。最后全家都忙自己的事,他看看没人管他了,开始揉眼睛了,继而哭了起来。

说起挑食更叫人可恨。一次和朋友一起吃饭,有一碗菜是炒三脆,荸荠、莴苣等炒在一起。荸荠清脆可口,还甜丝丝的,我夹给他一块,叫他尝一尝。他死活不肯,说不好吃。我问他吃过吗?他摇摇头。我说:"尝一下,如果不好吃就不要吃了。"他则用手把嘴巴捂住,就像怕我会毒死他一样。当时的气愤用"火冒三丈"来形容一点儿也不为过。第二天中午我炸了春卷,焦黄松脆,味道很好。端上桌后,我兴冲冲地叫儿子吃一个。他看了一眼,问是什么馅?我说是

53

咸菜豆腐干。他马上转过头:"我不要吃咸菜的,我只吃豆沙的!"

我马上把声音提高了八度:"馄饨不吃,包子不吃,春卷也不吃!什么都不吃拉倒,给我滚远一点!"他见我真发火了,眼泪在眼眶里打转。但还是不肯尝一下春卷。

那一餐饭,全家吃得一点儿胃口都没有。

豆豆如此秉性,是和家人的纵容不无关系的。他从妈妈那里找到了挑食的理论依据:"每个人的口味都不一样的!"从外婆那里得到了行动支持。有时候,我给他夹一种蔬菜,他还没有说要不要吃,外婆先开口了:"啊,这个菜他不要吃的!"要知道,家长在孩子没吃之前就下了个结论"他不要吃""不要给他吃",孩子当然也就不肯吃了!这种做法是明显强化、鼓励了孩子的挑食行为。长此以往,孩子的挑食就会迁移到对环境的挑剔,对他人的挑剔。

我知道,再这样下去这孩子会毁了。吃饭不好,经常挨骂,不仅会影响孩子的情绪,更会影响到孩子的身体和心理,会让孩子没有信心、挑剔、不懂得合作,甚至自暴自弃。

我决心下大力气改变豆豆的进餐习惯。我请教过一位朋友,朋友是用"休克疗法"一下子就改变了儿子进餐的坏毛病。在孩子挑食、不肯吃饭的情况下,用绳子把他绑在椅子上,告诉他吃完后才可以离开。孩子开始吓得大哭,后来开始安静下来,吃完了碗中所有的饭和菜。三次被绑以后,吃饭就变得非常好了。这种"休克疗法"效果固然好,但也容易给孩子造成心理上的问题。豆豆胆子本来就比较小,这种方法是不适合他的。应该有更好的办法,让孩子改掉进餐的坏习惯。

针对豆豆挑食的问题,我也绞尽脑汁。他原来是不吃豌豆的,为了改变这一点。我特地买来豌豆后,让他帮我一起剥,一边剥一边念自编的儿歌:

> 吧啦吧啦剥豆子,
>
> 剥完豆子吃豆子。
>
> 吃了豆子补脑子,
>
> 不吃豆子拉肚子。

我把剥好的豆子烧得鲜美可口,色泽如玉。端上桌后,我对豆豆说:"来,豆豆,一起欣赏一下我们的劳动果实!"然后当着他的面闻闻菜的香味后,再装出忍不住尝的动作,并做出丰富夸张的表情:"哇!太好吃了!"豆豆参与了这个菜的制作,加上儿歌的引导,再加上此时我的诱惑,他也很想尝一尝了。我适时地把豌豆送到他的嘴里,他发现豌豆真的好吃。

我又教他一个绕口令:"吃豆豆,吃豆豆。吃了豆豆不长痘,不吃豆豆长痘痘。"这下他的兴趣更高了,这盘菜最先被我们吃完。

让孩子参与菜的制作过程,让他有成就感,孩子会很乐意品尝自己的劳动果实,这就是吃自己做的东西特别香的原因。通过幼儿最喜欢的儿歌形式进行引导,加上本身菜的味道也挺好,想不让幼儿去吃都很难。

有一次,我烧了个老家带来的甜花菜。这是一种高山上的纯天然食品,营养价值很高,但略有苦味,又不太好看,有些像霉干菜。豆豆以前没吃过这个菜,按照以前的经验,他是不太愿意吃的。菜烧出来后,我故意对豆豆说:"今天我要隆重地向你推荐一个菜,这个菜非常难得吃到,吃了以后眼睛又亮,人又聪明。"

豆豆问:"什么菜?"

我指着这碗菜说:"天山雪莲!是哪吒、葫芦娃这些神童吃的。"他听到这个菜有这么好听的名字,又有如此好的作用,就尝了起来,感觉味道似乎也很不错。

诱惑的作用胜过十倍的强迫!

经过这样的诱惑,豆豆不吃的食物少了起来,挑食的坏习惯慢慢地改变了。为了改变他吃饭磨蹭、剩饭的习惯,我也想了很多办法。比如,让他和我一起去超市选购他喜欢的餐具,吃得好奖励五角星,和我吃饭比赛,等等。还给他讲一些小故事,如《小蚂蚁搬饭的故事》:

有一天,一只小蚂蚁到处找吃的,刚好看见一个小朋友吃饭时掉下了白花花的米饭,可高兴了,它想:"真是太好了,今年冬天就不愁没粮食了。"小蚂蚁连忙叫来了一大群蚂蚁,它们有的在地上、有的爬到桌子上,要齐心协力地将米饭运回洞里储藏起来。忽然,有只蚂蚁看到小朋友的身上也有米饭了,它喊到:"伙伴们,这位小朋友的身上还有米饭呢!"不一会儿,很多蚂蚁爬到小朋友身上,有的搬米饭,有的在他身上闻来闻去,有的还咬了他几口,看能不能吃。小朋友急得哇哇大哭。从此,他吃饭再也不慢吞吞,再也不掉饭粒了。

因为豆豆非常喜欢儿歌，我还特地给豆豆编了一个《吃饭歌》，经常吃饭前一起念，强化他正确吃饭的习惯。

> 吃饭前，先洗手。
>
> 吃饭时，不乱走。
>
> 饭一口，菜一口，
>
> 吃得饱饱长个头。
>
> 左手碗，右手筷，
>
> 一口饭，一口菜。
>
> 青菜绿，萝卜白，
>
> 不挑食，长得帅。

还有一次，饭端上桌后，豆妈还没有回家。我就对豆豆说："我们来做个游戏，把你的饭藏起来，让豆妈回家了找不到好不好？"

"好的。"他听到做游戏马上眼睛发光。

我又启发说："藏到什么地方好呢？"

他说："藏在桌子下面。"一会儿又说："藏到厨房里。"我说："那妈妈还是能找到啊。"我建议说："藏到肚子里肯定找不到了，你觉得这个办法好吗？"他很赞成，于是愉快地吃起来，很快一碗饭见底了。

经过近半年的努力，豆豆吃饭的习惯慢慢好了起来，不要人喂了，一碗饭也能比较快地吃完，也学会了用筷子。但这些好的地方有时候还有些反复，但我相信他会越来越好。

孩子进餐习惯不好是个普遍的问题。曾经有朋友向我抱怨："我们家小可吃饭最恼火了，在家喂他吃吧，他东玩会儿西玩会儿的，要喂他吃两个小时才吃得完一碗，如果硬让他坐着吧，他就手、脚不停地动，就是不能安分下来，饭塞进嘴巴后还不嚼，一口饭要吃很久才咽下去。进入小学后，吃饭不再要人喂了，但还是慢，吃得少，学习成绩很不好，注意力也不集中，上课老是思想开小差。老师还建议我们去查查他有没有多动症。"

很明显，从小吃饭三心二意，直接导致了孩子做事的不认真。

家长在培养孩子的进餐习惯时，首先要重视它，不要认为等孩子长大了自然会好。那样会浪费孩子很多时间，还会影响孩子性格和习惯的养成。研究表明，每天同家人一起吃饭的孩子词汇量更大，饮食结构也更好。吃饭的时候一定要关上电视。家长可以在吃饭时给他讲一些小故事，还可以谈一些他能听懂的事情。饭前，也可以让他帮助布置餐桌，让他有参与感和成就感。还有专家研究发现，吃饭也是促进儿童智力发展的一个因素。吃饭咀嚼时咬肌反复收缩、弛张可以促进大脑血液循环，咀嚼运动使口腔各种感觉器官兴奋，促进智力发育。另外，咀嚼促使消化道的一些分泌物增加，可以刺激支配学习和记忆的海马神经元。因此，他们认为进餐习惯好的孩子会更聪明。

其次，要坚持正面引导。一是家长要以身作则。有的父母自己也很挑食，吃饭时要看电视，或者每餐吃饭都要剩饭，那么要求孩子进餐习惯好显然是不可能的。二是要用正面的例子来引导他。家长尽可能地用他身边正面的例子来引导他，如某某吃饭好，你看他长得多棒，先吃完总是得到老师的表扬，还可以先拿到更好的玩具。避免用反面的例子：一只蚕宝宝很挑食，最后饿死了。三是要多表扬和鼓励。表扬和鼓励能让他们更自信，做得更好，批评多了会让孩子产生沮丧情绪，甚至自暴自弃。

最后，要让孩子少吃零食。有很多家长总是怕孩子饿着，让孩子零食不断。还有很多家长在接幼儿回家时都带上一些零食，让孩子在回家的路上边走边吃，等到吃晚饭时就没有胃口。幼儿园里的小朋友午睡起床后，都要吃点心，吃完点心，做个游戏就被家长接回家。所以小朋友根本不会饿，用不着在接回家时马上吃零食。

从某种意义上说，孩子进餐的坏习惯都是家长培养出来的，要改变孩子的习惯，首先改变家长自己的行为。

22 冬日暖阳

杭州作为我的第二故乡,留下了我的青春和汗水,更有我这辈子最大的收获和骄傲——我的儿子豆豆,他给我的生活幸福指数提高了 50 个百分点,让我对生活感恩,让我对杭州眷恋。

应该说,杭州的环境是优美的,但气候不好,有漫长的炎夏和寒冬。去年的整个冬天都很阴冷,我又几乎每天晚上都加班,感觉冷极了。

回到家,豆豆已经睡着了,即使他没有睡觉,也上床了。我也没有太多的精力和他游戏,给他读书。

那天,我回到家又是 10 点多了。简单地洗刷后,我就钻进被窝,对豆豆说:"不要吵爸爸,我很累,先睡觉了。"

豆豆说:"我和你一起睡吧。"他钻进了我的被窝,我也没答理他。

豆豆钻进我被窝后,说:"爸爸,你睡吧,我拍拍你。"说完,就轻轻在我后背上拍起来,我感觉自己似乎回到了婴儿时期,睡在了摇篮里,妈妈用温柔的手轻轻地拍打着我,再唱几句摇篮曲:"睡吧,睡吧,我亲爱的宝贝。"

果然,疲倦加上这种感受,我一下子进入了睡眠状态。迷迷糊糊中,我听到豆豆对豆妈说:"妈妈,我拍拍爸爸,他马上就睡着了。"

我真的睡着了,在儿子赐予我的温暖和幸福中,睡得安稳而踏实,睡得深沉又香甜。我想这是除了母亲外,第二个拍拍我,让我进入梦乡的人,他就是我儿子。

一直认为母亲去世后,这个世界上不会再有人像母亲那样毫无保留地爱着我了,不会再有人给我那么大的精神力量了。这个想法,在这个寒冷的冬夜里彻底改变了。

我又重新找到了母爱般的亲情,又看到了足以温暖我余生的冬日暖阳。有了这种亲情,有了上天赐给我的儿子和事业,我又有什么理由对生活抱怨呢?又有什么理由左顾右盼而不勇往直前呢?

此前,还有一天,我正在书房写东西,儿子端了盆洗脚水过来,说是要帮我洗脚。我很诧异,那么大盆水被他从卫生间端了过来,真不容易。我伸手试了试水温,水正热着呢。真是太好了!豆豆放下水盆又到卫生间里拿来我擦脚的毛巾,放在水盆里,说是要帮我擦脚。

我问他有没有洗过脚,他说没有,我就叫他把凳子移过来一起洗。

洗完脚后,我们相互帮忙擦脚。他给我擦的时候,我张开脚趾,看他仔细地给我一个脚趾缝一个脚趾缝擦,很认真。他一边擦,一边说:"爸爸,我好像在洗牙齿呢!"是的,五个脚趾真像五个牙齿。每次刷完牙,我都要用牙缝刷再刷一次,这个比喻还真贴切。

擦完脚,他又摇摇晃晃地把水盆端到卫生间,走得很慢,但还是有些水洒到了地板上。但这又有什么关系呢,那些水,不正是儿子成长的最好见证吗?

23 小海豚训练营

幼儿园最后一个暑假,豆豆的身高终于达到了学游泳的高度——1.2 米。我们让他参加了一个小海豚训练营的游泳初级班。这个班连续上 15 次课,都是 7 岁左右的儿童。

我没有暑假了,学习游泳的重任就落在了豆妈身上。

我们知道这将是一场艰苦的战斗,豆豆胆子小,怕黑、怕火、怕水。以前去过一两次游泳池,但大多不敢走进深水处。有一次泡温泉,别人都把身子泡在水里,只有他泡脚,不敢下水。因此,我们给他找了个小伙伴一起学,还答应他学会了有奖励。

在做了充分的思想工作后,豆豆第一天出门情绪很好,他说:"妈妈,我今天没睡够,等会儿游泳力气不够了,就沉下去了。"搞得我们都大笑。

到游泳馆,换好衣服,戴好帽子、眼镜,他和小伙伴佳佳就被教练带进去了。豆妈和佳佳妈妈也买了看台票进去观战。

孩子们准备运动过后就下了水,先站在水里湿身,然后在水里走几圈,这些都没问题,游戏嘛。随后是憋气练习,这下情况就发生了,豆豆爬出了水池,趴在池壁上,教练让他练习他就摇头。终于教练发狠了,把他按进了水里,结果整个游泳馆就听到他大喊:"救命啊!救命啊!"

终于下课了,两个小家伙出来了,边走边喊冷。两位妈妈马上把他们擦干,换衣服。豆豆已经迫不及待地汇报了:"妈妈,我前面哭了,水太深了,都到脖子了,我害怕,不敢潜水。后来我问教练,知道还有 20 分钟后就不哭了。教练让我们练习摸他脚趾头,太臭了,我摸了一下他脚背,教练就没让我再潜水了。妈妈,教练太凶了,比妈妈还凶,比方老师还凶。我去上了一次厕所,其实是去溜达,不想潜水。"

看到他出来后情绪还不错的,看到豆妈也没有哭,豆妈还是表扬他很棒,还奖励喝了一口可乐,小子马上笑了。

晚上睡觉前,他又想起这事了:"妈妈,明天能不去吗?后天再去。妈妈,我真的害怕啊!"

不难想象,后面的几天,练习漂浮、蹬腿都非常艰辛,小家伙都跟不上趟。为了逃避练习,也想了很多花招,什么肚子痛啊,躲在小朋友身后啊,这样的招数都使出来了。好在豆妈意志坚定,抱着磨炼他的意志,而不期望他学会游泳的思想,天天坚持,毫不懈怠。虽然儿子是游泳班里的后进生,但不能当逃兵。

这样的状况一直持续到第7次课。终于,豆豆有些找到感觉了,上课时豆豆一直在水里按教练的要求练习蹬腿,非常认真。

上完课,豆豆告诉豆妈今天学得很开心,教练说他学得还不错,应该能学会。换衣服的时候豆妈又碰到了教练,教练说:"豆豆有点儿感觉了,能够漂在水上,前进一点点距离了,回家要在床上练习蹬腿,不要急。"这可把豆妈乐坏了,吃晚餐时,两人情绪都很好。豆豆还破天荒吃了两碗饭。

随后的几天学习新动作,要求在水里蹬三次腿以后不要站起来,而是把头抬起来换气,而且是张开嘴巴吸气。这下豆豆不会了,嘴张不开,豆豆说教练气死了,对他大声说:"你嘴巴张开啊!"而且学习了这个新动作,原来的手的腿的动作也不协调了,整一个乱了。哎!

豆妈在看台上急得像热锅上的蚂蚁:怎么张个嘴也这么难呢?

第14天,总复习,要求孩子们游过6米合格线。因为还有一天就考试了,游泳班里还进行了抽奖,奖品是三只小海豚,因为他们本就是小海豚训练营。豆豆运气很好,抽到了一等奖,拿到了最大的一只粉红色的海豚。

回家路上,豆妈问他明天测试能行吗?他一脸平静地说:"应该问题不大。"看来他还很乐观!

第15天了,结业考试。早上豆豆就说紧张了。

上课后,教练让孩子们自己游一游,复习巩固一下。几个比较差的,教练都单独指导了一会儿。

考核开始了,每个班都坐在池边等待。豆妈远远地坐在看台上,也看不到他的表情。前面几个班人数不多,很快就考试完了,大部分孩子都通过了考试。豆豆的另一个小朋友旺旺得了优秀,真让人羡慕。

很快就轮到豆豆班了,豆豆排在第四组。前三组的小朋友都通过了,优秀的也很多。

第四组下水了,可豆妈一眨眼就不知道豆豆到哪儿去了,水里没有他人影啊!佳佳妈妈笑着说豆豆去上厕所了。哎呀!这小伙子太紧张了,今天测试的小朋友就他一个这样的。

终于轮到豆豆下水了。他倒是迅速地游了起来,动作还规范,手脚也协调,可没几步路他就憋不住气站了起来!没有游到合格线,就算通不过。还是不会换气啊!

考核结束,四个初级班还进行了接力比赛,豆豆班四个选手很强,轻松拿了第一。后来,大家拍了集体照,玩了一会儿水就下课了。豆豆带回了一张补课证。他一听说要补课眼睛就红了,坚决不同意,感觉很丢脸。

教练说补课是很有必要的。看来只好再做他的思想工作了。

意外再次出现。晚上我带豆豆去公园里玩的时候,他在水泥地上奔跑时摔了一跤,结果一只膝盖摔破了皮,还出了血。这下他更不想去补课了,说是伤口碰到水会很痛的。我给他涂了红药水,告诉他这点伤第二天就好了,肯定没关系。最后,豆豆终于同意先去游泳场,教练如果说不能游了就回家。

第16天,豆豆和佳佳补课,教练一对二辅导,小伙子进步神速,学会了换气,只是他比较急切,总想一口气游到头,要蹬五六次腿,实在憋不住了才换气。

第17天,是补考的日子,早上我开车,和两位妈妈一起送两个孩子去补考。参加补考的孩子还是挺多的,大家都一样,谁也没觉得丢脸,等待入场的时候还是打打闹闹,说说笑笑。

入了池以后,照例是先练习。我看到小家伙扑进水里,像一只小青蛙一样,两只手合拢伸在前面,两条腿不停地蹬,一口气游了三四米,很不错,比我想象中好多了。换了两次气就到合格线了,很不错。看来合格问题不大,只是换气太少,不利于长距离游。

很快两个小朋友的考试就结束了,小家伙得了个优秀。教练说他能游20米了。佳佳也得了良好,都很棒。

从游泳池里出来,豆妈给两人拍照留念,豆妈叫豆豆拿着优秀证书,挂着学员证。豆豆不肯挂那个牌子,因为牌子上写着补课证,觉得丢脸。儿童和成人一样,都有很强的自尊心和虚荣心啊!

这次游泳训练是豆豆非常成功的一次锻炼,不仅仅是学会了蛙泳,更重要的是他战胜了怕水的恐惧,战胜了怕吃苦、不能坚持的弱点。17 天的练习,没有一次缺课和迟到。仅凭这一点,就值得肯定了。

通过这样的练习,饭也吃得香了,觉也睡得好了,真是意外的收获。晚餐时,他说:"爸爸蛙泳和仰泳还可以,自由泳简直就是狗刨。"

我说:"赶明儿咱们比试一下如何,看谁游得快,游得远。"

小家伙信心满满:"没问题!"

瞧!自信心都上来了。

24 过一个左撇子节

今天是 8 月 13 日,听广播里讲是国际左撇子日。我把这个好消息告诉了豆豆,因为他也是个左撇子。豆妈中午带他到店里吃了顿比萨,那是他最喜欢的洋快餐,还喝了饮料。在比萨店里,他还碰到了写字班的同学盼盼,两人吃完比萨在游乐区快活地玩了半天。

我也送了他一套新故事大王图书,晚上除了给他读了一集《一年级的小蜜瓜》外,还读了两篇新书上的故事。晚饭时还特意鼓励豆豆用左手拿筷子。

不知道从什么时候开始,豆豆干活都喜欢用左手,拿勺子用左手,画画用左手。到幼儿园大班时,自己学着写字时也用左手。豆妈怕他日后写字会造成麻烦,把他左手写字的毛病给改了过来。这样一来,他也有用右手吃饭的时候,两只手左右开弓都没有问题。唯一不足之处是,这样一来,他对左右的概念就没有了。我们通常说,拿筷子、拿笔的是右手,而他左右手都能拿,所以左右都不太能分得清楚。

左撇子又叫左利手,是习惯用左手干活的人的俗称。据说西方对左撇子是很歧视的。英语里,"左手"一词有"笨拙""欠老练"的意思。所以,西方人就对天生惯用左手者有着很深的偏见。中世纪的欧洲还一度认为左撇子是"残疾人"。但事实上,左撇子并不是一种疾病,充其量只不过他们的生理构造与大多数人不同,谈不上什么残疾。

左撇子在我国似乎并没有受到歧视,也不存在争取权益的情况。国外的左撇子比例要比我国高很多。苏格兰人有一个 Kerr 家族,多少世纪以来以其众多的左撇子闻名。他们建立的城堡的楼梯都是反时针旋转的,以适应 Kerr 人左撇子战士的守城需要。在这个家族中,左撇子成了大多数,而右撇子成了少数派。他们的公用设施和生产工具都是以左为先。

资料上讲，美国堪萨斯州一群左撇子建立了左撇子国际组织，他们设想把全世界的左撇子联合起来，共同争取左撇子的权益。一年后，该组织举行庆祝活动，并将这一天确定为国际左撇子日，他们希望有朝一日全世界的左撇子一起庆祝自己的节日。1976年的8月13日就成为第一个国际左撇子日。

这样一来，也就有了豆豆今天的礼物和大餐。

左撇子其实是不需要纠正的。左手由右脑支配，在这个极力主张开发右脑的时代，碰到一个左撇子应该说是一个幸运的事。人的右脑主管空间和形象思维，也就是说右脑处于大脑感知世界的前沿，具有更强的知觉，更强的创造力。

爱因斯坦就是一名左撇子，他把他的许多科学创意归功于他的右脑思维。他说："我思考问题时，不是用文字进行思考，而是用活动的跳跃的形象进行思考。当这种思考完成以后，我要花很大力气把它们转换成语言。"据说，有一年夏天，他在一个小山上昏昏入睡，梦见自己骑着光束到达了宇宙遥远的极端，发现自己不合逻辑地回到地球表面时，他忽然意识到宇宙本来就是弯曲的，而且认识到他以前学到的合乎逻辑的知识是不完全的。爱因斯坦把这个图景转化为语言，写下的数字和公式正是著名的"相对论"！

如果强行将左撇子纠正过来的话，可能还会产生不好的后果。据说，有一个天生左撇子儿童，长到4岁时，家长因为看不惯其行为，便对其进行强制性矫正。结果，孩子的右撇子没形成，倒把原来的左撇子也弄丢了，孩子的脑功能也因此受到了伤害。据专家说，造成这种情况，要想恢复孩子的脑功能，难度不小。

我和妻子的家族都没有左撇子的先例，豆豆出现左撇子的情况，我们当然觉得很高兴，希望他的左撇子也给他带来与众不同的精彩人生。

25 幼儿园毕业了

清晰地记得四年前豆豆背着小书包去幼儿园的情景。

时光飞逝,转眼豆豆要从幼儿园毕业,准备读小学了。

幼儿园要为毕业班举行隆重的毕业典礼,孩子们要准备汇报演出。豆豆告诉我们,他参加了三个节目的演出,一个是《激情球拍操》,一个是《古今中华情》,还有一个是手语操《感恩的心》。

一个周末回来,豆豆说他通过了班里的小主持人海选,班里有 4 个人要参加幼儿园里的小主持人竞选,要家长写一份演讲词。

这个任务责无旁贷地落在了我身上。于是,我在稿纸上给他写下了《毕业诗》:

四年的时光一闪,

四年的人生驿站。

四年前,

我们拉着父母的手,

带着好奇的目光走进幼儿园。

四年前,我们还牙牙学语,

今天,我们能歌善舞;

四年前,我们还蹒跚学步,

今天,我们会学会玩。

谢谢您,老师!

您不仅教我们学会了团结友爱,

您更给予了我们愉快的童年。

如今，我们马上就要升入小学了，

我们就要成为翩翩少年。

老师，我们一定记住您的教导，

一定好好学习，勇往直前。

老师，再见！

幼儿园，再见！

当天儿子读了一遍，几个不认识的字我们教了他一下，就基本能读出来。周六晚上又复习了几遍，基本上能背出来了。

周一回来，儿子带回了一份幼儿园的主持词，也不知道是我们自己的用不上，还是已经用过了。他说这是最后竞选的演讲词，老师要求背出来。

这份演讲词比我写的要难背多了，豆豆读了第一遍就没有兴趣了，说太难了。我们只好诱导他，如果能选上主持人非常光荣，电视台都要录像，电视机前的观众都能看到。最后我们又加上物质诱惑，告诉他如果选上了主持人，将送一个 iPad 给他，这样他才勉强把演讲词背了下来。

第二天，豆豆回来，说竞选结束了，他通过了第一轮，最后谁选上了老师没有公布。我们估计，豆豆被选上的可能性比较小，他胆子不够大，台风不太好，再加上准备不充分。本来，我们也对此没有抱很大的期望，只是想通过这个活动让豆豆得到锻炼。

接下来的几天，豆豆每天下午都在班里进行演出节目排练，有时回到家里，他还要豆妈在电脑里放《感恩的心》的手语操，跟着练习。

好事多磨，就在即将演出的前一天，豆豆身上发出了大量的荨麻疹，全身都是红疹子，又烫又痒。只好去医院打了一针，再吃了颗药。

第二天红疹子退去了不少。这一天是 6 月 25 日，周六，大雨。

演出在树人大学礼堂。5 点半钟，我们就起床了，送豆豆到幼儿园化妆，6 点半钟从幼儿园出发到树人大学礼堂进行彩排。

正式演出前，5 个班的小朋友都站在演出台上合影，豆豆班站在一人来高的架子上，家长都站在背后保护。强烈的聚光灯照在小家伙们脸上，一个个都满头大汗，也没有一个人打闹和抱怨。

拍完集体照后是园长致辞和家长代表发言，没有冗长的领导讲话，也没有公式化的领导颁奖，比较隆重的是园长亲自给每个孩子发毕业证书。

　　我看到豆豆恭敬地从园长手里接过毕业证书,然后对园长鞠躬,对观众鞠躬,非常庄严,非常恭敬。那一刻,我觉得豆豆真的长大了,不再是那个动不动就哭鼻子的毛孩子。真后悔没有带上照相机,没拍下豆豆领毕业证书的瞬间。

　　正式演出开始了,先是一班的合唱《咏鹅》,小朋友边唱边表演,动作整齐,歌声嘹亮,童声优美,非常不错。两个节目后就是豆豆参加演出的《激情球拍操》了。小姑娘和小伙子们都穿上统一的演出服,在《踏浪》的音乐声中闪亮登场,踏着整齐的节拍,孩子们的可爱与活力展露无遗。我坐在观众席上努力寻找着豆豆的身影,终于确认左边那个瘦瘦的小家伙就是他。不巧的是此时他手上的球拍刚好掉到了地上,好在他并没有慌张,而是从容地捡起来继续完成了随后的动作和流程。

　　每个班两个节目,10个节目完成后,是5个班的部分孩子和老师一起表演的压轴戏:《感恩的心》手语操。豆豆站在最左边,跟着音乐,通过手语传递对幼儿园、对老师、对亲人和朋友的祝愿,虽然他有时候动作还有些生硬,但我看出他的认真,看出他的真诚。

　　老师和孩子们的演出在热烈的掌声中结束了,我还沉浸在豆豆的演出里,我感到自己的眼眶里有了泪花。

26 幼儿的逻辑

豆豆 3 岁左右时，最喜欢玩角色扮演的游戏，一会儿当孙悟空，一会儿当小鲤鱼泡泡，一会儿当自己是嘟嘟熊，还要找几个人配合他。

那天晚饭时，他又要扮演奶奶了，让奶奶扮演孙子，然后又很顺口说："我要喂。"

我问："奶奶怎么要人喂呢？"

"奶奶年纪大了嘛。"他说。

"那你平时有没有喂过奶奶？"这下他不吭声了，但还是不甘心，不愿意自己吃。

早饭的时候也有一次交锋。他吃一口泡好的奶粉，吃一口面包，动作慢吞吞的。我说："豆豆，上幼儿园来不及了，要迟到的。快把奶粉吃完。"

他说："一口饭一口菜嘛，你教我的。"

"这不是饭和菜。"

"这是饭和菜。"

"那么请你告诉我，哪是菜哪是饭呢？"

这下他犯难了。说奶粉是饭也不像，是菜也不像，只好先把奶粉咕噜咕噜吃完。

那天晚上睡觉，豆豆要钻到豆妈的被窝里。豆妈不肯，说："醒着时候可以的，睡着了不行。睡着了在我这儿要出汗的。"

豆豆说："现在是醒着的时候呀！"说着又要往里面钻。

我只好打乱他的逻辑："醒着的时候不可以，睡着了以后可以。"

这下他没啥好说，乖乖地回到小床睡觉了。

第二天晚上，已经快 10 点钟了，他又要看《Hello Teddy》，豆妈当然不同

意,他又准备用哭来要挟了。我说:"不哭什么事都好商量,哭就没得看。"他打住了要哭的表情,坐到床头说:"爸爸,我要看《Hello Teddy》"。

"哦。豆豆是个爱学习的小朋友,是吧?"

"是的。我看两集《Hello Teddy》就去看书了。"平时他看书的时候我们表扬他爱学习,在他看来,只有看书才是学习了。我对他说:"看《Hello Teddy》也是学习,学英语,爸爸也要表扬的。不过太迟了就不行了。爸爸今天答应你看两集,下次要看的话要早一点看。"这下他满意了。

昨天晚上睡觉的时候,我在电脑里写日记,他看到了,说也要写日记,我就拿出一个本子,让他画。他画了一会儿,大概觉得没意思了,就很认真地说:"爸爸,我也想写日记。"

"哦。那好啊,要写日记,就要先认字,以后多认点字吧。"他点了点头。

应该说,豆豆在家里并不太听话的(据我观察,他在幼儿园里更听话),任性、爱哭,喜欢狡辩。但从另一方面讲也是好事情。首先,这样保持下去,他不会成为一个只会听指令而不去思考的人。其次,可以锻炼他的语言能力和思维的敏捷性。早上,他提出去少年宫,说:"我最喜欢去少年宫了,最好把我们的房子搬过去。不过,这样的话,我们整栋房子都要搬过去了。不知道别人家愿不愿意,涛涛肯定愿意的,他也很喜欢去少年宫。"

还有一天,妻子随口哼了几句歌:"羊儿还在山坡吃草……"豆豆听到了说:"是'牛儿还在山坡吃草',放牛郎当然是放牛的啰。"

瞧,小家伙不光知道找出别人的破绽,还能讲出其中的原因呢。记得还有一次,豆豆在小便时问豆妈:"到底是我在小便,还是鸡鸡在小便?"我们顿时愕然,这真是一个有很强逻辑性的哲学问题,就如同是"先有鸡还是先有蛋"一样。

由此可见,3岁幼儿已经具有较强的逻辑思维能力,家长在教育孩子的过程中,应该多引导,多讲道理,而不能觉得孩子还小,不懂事,糊弄一下了事。这就是我们常说的:3岁幼儿都不能糊弄,何况是成人呢?

27 幼儿的幽默感

　　睡觉前,豆妈叫豆豆起来尿一下,免得尿床。豆豆对着小马桶半天还没有尿出来,他说道:"小鸡鸡睡着了。"

　　前一天,豆豆吃鱼时突然呛了起来,我们以为他被鱼刺卡住了,吓了一跳。他对着垃圾桶咳嗽了一阵后回到饭桌上,豆妈问:"是被鱼刺卡住了吗?"豆豆说:"是的,鱼刺卡在膝盖上了。"

　　类似的话经常让我们忍俊不禁。

　　那天他散步回来,对我们讲:"我和天天妹妹在草地上打滚,结果她滚到烂泥里去了。哈哈哈哈……"可能当时的场面非常好笑,以至于他讲完后还大笑不止。

　　幼儿的笑声最可贵,幽默爱笑的孩子往往更开朗,更乐于与朋友交往。幼儿的幽默感是建立在一定的认知经验、发育水平、心理特征的基础上的,是一种积极健康的情绪。

　　首先,具有形象性。幼儿以形象思维为主的特点,决定了他们通常对形象化的事物更感兴趣,更能引发出幽默感。比如,一些搞笑的动作、动画,幼儿通常非常喜欢,会大笑,会模仿。

　　其次,具有重复性。成人对"抖落的包袱"突然发笑,第二次体验后的幽默感就会减弱,只会对一些特定的幽默反复品味。幼儿则对一些极简单的笑料重复作出反应。如2岁的豆豆念儿歌"小猕猴,爬树梢……哇的一声吓哭了"时,每念到"哇的一声吓哭了"他就会乐不可支,这种反应能保持几个月。又如幼儿园小朋友听故事《猪八戒吃西瓜》时,对于猪八戒每一次摔跤幼儿都会发笑,而每听一次这个故事都会有大致相似的反应。在表达方式上,成人的幽默感表现为发笑、意味深长的表情和思索回味,而幼儿则简单地表现为发笑、模仿甚至手舞足蹈。

再次，具有睿智性。幼儿的一些幽默语言和成人一样，是建立在联想、逻辑、类比、反比等基础上的，有很高的思维含量。比如邻居的女儿要求亲妈妈的脸，妈妈不允，女儿拉起妈妈的手亲了一下，无奈地说："先在妈妈手背上打一下草稿吧。"

豆豆的龋齿被医生拔掉后，我问他："你那牙齿还疼吗？"豆豆回答："我怎么知道。我希望它在医院的垃圾桶里疼得打滚才好呢。"

幽默感对于幼儿的成长来说，有着重要的作用。

幽默感有助于培养幼儿的思维能力和语言能力。冬天，老师和家长通常把孩子的内衣扎在裤子里面，以免风透进去着凉，并形象地称这个过程为"包肚子"。同样，我们要求豆豆把内裤的裤脚包进袜子里，豆豆则给这个过程取名为"包脚子"，每次叫他"包脚子"，他都会哈哈大笑，并愉快地完成这个过程。

幽默感有助于培养幼儿的交往能力。幽默感是人际交往中的润滑剂，性格乐观、有幽默感的人易于为他人所接纳，能很快与人沟通。这样的孩子也总是获得他人的认可和喜爱，比较自信。在对待他人时，幽默感使人变得宽容，善意地笑过之后就会对引他发笑的事物不再苛求而持宽容的态度。豆豆能和几乎所有的孩子友好相处，其中很重要的一个原因就是他乐于表达，喜欢把自己认为有趣的事讲给伙伴听：什么我和爸爸今天赤脚走路，结果爸爸摔了一跤，四脚朝天；什么妈妈教我念了首打油诗："昨夜北风寒，天公大吐痰，等到红日出，便是化痰丸。"

幽默感有利于幼儿的心理健康，培养他们积极乐观的精神。心理疾病和问题往往来源于不愉快的情绪体验，而幽默使人松弛，在他人引发的幽默中，幼儿会不自觉地反省自己，认识自己，辨别事非。当别人以幽默的态度对待自己的错误时，就会削弱批评指责带来的逆反心理。豆豆刚认字时对念招牌很感兴趣，如"长虹家具店"被他念成"长虫家具店"。妈妈笑道："有虫子的家具谁敢买，像长长的彩虹一样美丽的家具才有人买。"豆豆哈哈大笑，记住了"长"这个多音字和"虹"字，对认招牌更感兴趣了，当他把这个故事讲给小伙伴听时，效果也很好。

幼儿的幽默感来自于对生活的体验，更来自于家庭环境。一般来说，父母幽默、温和，孩子则会幽默。父母如果脾气暴躁，态度专横，孩子往往会缺少幽默感。

如此，父母以身作则尤为重要。

28 幼儿的游戏规则

　　游戏是儿童的天性。如果我对豆豆说："来，爸爸和你一起做游戏。"他就会放下手中的工作来找我玩游戏。事实上，他平时除了画画、看书外，很大一部分时间就是一个人做各种游戏，比如烧饭、钓鱼、造房子、搭积木、植物大战僵尸之类。

　　晚上，从公园里散步回来后，我又和他玩起了掷骰子的游戏。每人拿两颗骰子，掷出后比较两个人点数之和的大小。比如，他的骰子是三点和四点，我的一点和三点，他比我大三点，就赢得三张扑克牌作为筹码。

　　这是一项对数学综合计算能力要求比较高的游戏，既有加法，也有减法，还有点数（数扑克牌），并且有时候会超出十个数字。对于第一步的加法，豆豆问题不大，他能够一眼看出第一个骰子的点数，然后再一个一个加上第二个骰子的点数。比如，他掷出的五点和三点，他的计算方法就是五、六、七、八，这样数出来。对于做减法，如他比我大多少，或者比我小多少，则需要掰着手指头算了。

　　昨天的游戏非常具有戏剧性，一开始他掷出来的点数连续比我大。第一次大了六点，第二次大了三点，第三次大了一点。他很高兴地拿到了很多筹码，然后告诉我："我再赢了就送给你啊！"第四次，他掷出的点数又比我大了两点，果然他把赢得的两张扑克牌送给了我。我说："不用送给我，这是游戏规则，谁赢就给谁。"就把筹码还给他，他又送过来："不用客气的，我有这么多，你一张都没有！"一副诚恳的样子，我只好恭敬不如从命。

　　这就是幼儿的游戏规则，他们可能有占有欲，可能喜欢争第一名，但绝对不会没有同情心，绝对不会只讲规则不讲人情。他们也不会考虑游戏才刚刚开始，胜负未定。事实上，后来的游戏中，我连续掷出了大点数，筹码的数量超过

了他。最后我估计他可能会输掉，就在一局结束后把两个筹码还给了他，他也乐意地接受了。

还有一个比较有意思的现象是，他并不特别在意很快有一个输赢的结果。赢了扑克牌之后，他会一张一张地把赢得的扑克牌念一遍：红桃 9（一度念成爱心 9）、草花 4、方块 A……一副不紧不慢的样子。

最后数出筹码的数量，他 30 张，我 29 张。我问他："谁的筹码多？"

"我多。"

"多几张？"

"多 1 张。"

看来一段时间玩下来，他对数字的大小规律掌握了不少。

对此，我对幼儿的游戏规则也有了全新的认识：幼儿的游戏规则更重过程，更注重娱乐性。幼儿虽然在比赛游戏中想赢对手，但更喜欢享受游戏的过程，如果游戏过程不好玩，他们则不喜欢。如果你与两周岁左右的幼儿捉迷藏，他会在你准备去找他的时候，主动走到你面前，然后哈哈大笑。这就是一个很好的例子，他们会觉得这很好玩。

这与成人恰好相反。成人的比赛游戏往往更注重游戏的结果，喜欢赢别人；幼儿则更享受游戏过程，当然为了游戏过程更愉悦，他们也会更改游戏规则，比如他们会将赢得的筹码送给对手，或者在扑克牌游戏中，还可能要求添牌或换牌，家长此时当然也不必太较真。如果家长认为这是违反游戏规则，是"作弊"的话，那就违反了幼儿游戏的初衷了。

29 换个频道

最近一段时间,豆豆对拍录像非常感兴趣。经常要求我:"爸爸,给我拍录像吧。"为了拍录像,叫他干什么都成,非常配合,比如背诗、唱歌、背儿歌、做小品、搭积木。当然,拍录像不是他的目的,拍完后看他的自我表现才是他的兴趣所在。

那一天,去一个姐姐家的新房参观,电视柜上的电视机还没买来,他爬上电视柜,我们叫他表演电视,这下他来兴趣了,开始表演了一个幼儿园里学的早操歌《小猪吃得饱饱》,接着我们叫他换个频道,他又表演了《Hello, Teddy》里学来的儿歌。只要听说换个频道,他就感到异常兴奋,又先唱了首《字母歌》,接着唱了首《Traftic Light》,然后要求姐姐和他一起表演《铃儿响叮当》,读一年级的姐姐却因为害羞而不愿意上场。

昨天,我一回到家,他又要我的手机,欣赏手机里那些属于他自己的"电视"。由于他经常找不到录像的位置,在我的手机上乱搞一通,好几次改变了我手机里的设置,有一次把手机的"飞行模式"打开,害得我一天都接不到一个电话。

有一天晚上看少儿节目,大概是太喜欢里面的金龟子了,一定要我们把金龟子从电视里面叫出来,到我们家来玩,真是让人哭笑不得。

恰好那个周末我参加浙江电视台的欢乐英雄大赛,儿子看到了,不断地问我:"爸爸,你是怎么上电视的?"我告诉他是电视台的叔叔给爸爸拍好录像后播放出来的,他还是似懂非懂。

那天,豆豆和我在一起洗脚。儿子突然问:"爸爸,是不是有的小朋友在看电视的时候,换个频道就能看到我们在洗脚?"他问这个问题主要是因为最近经常看《家有儿女》,电视剧中家庭化的生活场景让他以为,换个频道我们的家庭生活也能在电视里出现了。

　　我告诉他:"别的小朋友看不到我们的,只有先拍成录像,再通过电视台在电视里放出来后才能看到。"这样的解释豆豆当然听不懂,也很不满意,他又去问妈妈同样的问题。

　　后来,我觉得这样对他讲解是不对的。我应该告诉4岁的儿子,他说的是对的,我们都是演员,也许有时候别人换个频道,就能看到我们的表演。所以我们要快乐生活,快乐工作,快乐学习。

　　哲学家说过,生活就是舞台。在这个舞台上,每个人都是主角;在这个舞台上,只有直播,没有彩排。在生活这个舞台上,也许没有观众,没有导演,但一定有不同的故事,或精彩,或平淡。我们要做的事情,就是要扮演好自己的角色,演好每一天的故事。

　　如此想来,儿子真是大师。他"换一个频道就能看到我们",让我知道,要活在当下,珍惜当下,要精彩、开心地过好每一天。

30 钓鱼启示录

国庆假期天气很好，一帮朋友约好去农庄钓鱼，豆豆自然也很高兴。平常他走到哪里都喜欢拿一根小棒子，走到水边抽打几下水面，美其名曰"钓鱼"。这次真的去钓鱼，还有一帮小伙伴一起玩，他自然兴奋。

早上出门太迟，半个上午大家一无所获，吃好中饭，又匆匆守在钓竿旁边。豆豆也跑来凑热闹，一定要拿一根鱼竿钓鱼。我没心思对付他，告诉他没有多余的钓鱼竿。他不依不饶，我只好给他一根没有钓鱼线的空竿子，让他在一边捣鼓。他不断地用钓竿拍打着水面，把我那好不容易咬钩的鱼都吓跑了。

看来这样由他折腾显然不行，想了很多让他中止钓鱼的办法都不管用，我只好教他正确的钓鱼方法：要钩上蚯蚓做诱饵，解开钓线，静静地守候着，不能惊动了鱼，等鱼咬钩的时候再把鱼竿拉起来。看到浮漂动了，就说明鱼上钩了，就要非常小心，等到浮漂沉入水下或平浮就可以拉竿了。

说话间，旁边的老爷爷连续钓起好几条大鲫鱼。显然，儿子也心动了，决心钓上一条大鱼。他按照我教的方法，坐在鱼竿旁边静静地守候着。但他显然还有些疑问："爸爸，为什么米奇的巧手钓竿不用蚯蚓呢？"

我终于明白他开始钓鱼的时候为什么不停地拿着一根空竿子在水里打来打去了，这正是他看到的动画片《米奇妙妙屋》里钓鱼的场景！我没有仔细地看过相关动画片，只好说："巧手钓竿也要用诱饵的，也要耐心地等候，不然就是'小猫钓鱼'了。"《小猫钓鱼》的故事他很熟悉。

坐了三五分钟，儿子看鱼竿没动静，就对我说："爸爸，你帮我看牢，我过几分钟来。如果浮漂'发动'了，你就叫我。"他走了当然更好，看着旁边的老爷爷用捡鱼的速度一条条地钓上大鲫鱼，我早就眼馋了。儿子刚一走，他的浮漂就动了，沉了一下后，马上就平浮了，我赶紧把鱼竿拉了上来，感觉似乎有鱼拉竿

的手感,又似乎没有鱼,鱼钩拉上来后,发现钓上来一条猫鱼——真正的小猫鱼,一寸多长!

我的天!这么小的鱼也能钓上来。儿子看到有鱼钓上来,马上跑过来,喊道:"妈妈,我(的鱼竿)钓上鱼了。"然后用一个一次性纸杯,接了点水,把鱼养在里面,还给小鱼吃哈密瓜。

这一天的钓鱼经历实在是让人遗憾,又回味无穷。从今天钓鱼这件事来看,我也明白了很多道理。

一是最好不要强行阻止幼儿想要干的事,而是指导他、引导他,那才是最好的办法。在豆豆想钓鱼的时候,我怕他捣乱,百般阻止——把钓竿藏起来;把钓竿缩短,让他够不着水面;哄他去和小朋友一起玩,但都没有成功。最后引导他学习正确的方法,问题就迎刃而解了。

二是不要低估幼儿的学习能力和思维能力。我教豆豆用正确的钓鱼方法后,他不仅了解了钓鱼的原理,还能认真学习钓鱼的技巧,像模像样地垂钓。在发现自己先前的方法不正确的时候,他还能提出疑问:"为什么米奇的巧手钓竿不用蚯蚓呢?"当然,在此过程中,他还观察到了蚯蚓,理解了《蚯蚓的日记》一书中讲的"她的脸永远长得跟屁股一个样"是怎么回事。

31 改善睡眠

豆妈有几天去上海出差,带豆豆的主要任务就落在我身上。白天带他玩,晚上给他洗澡,陪他睡觉。

哄豆豆睡觉是一个比较麻烦的事,他睡眠很不好,很难入睡,睡午觉要两点多才睡着,所以在幼儿园总是还没睡着大家都要起床了。晚上也是10点左右熄灯,但他通常要11点多才睡着。

那天晚上,我为了能让他早点睡,强行把他从外婆房间抱过来。但他拼命地挣扎,继而大哭起来,说我把他的手臂弄痛了。我也不知是真是假,只好放开他。没想到他假哭了一下后,又爬到外婆的床上,还威胁我说:"等你老婆回来,我要向她告状,说你欺负我。"

最后,在我好说歹说的情况下,小家伙总算10点钟上床了,还让我给他念了一个《汤姆过生日》的故事才熄灯。然后,他又让我出几个算术题给他做,他开出的条件是算对了,我就拍拍他,没算对就不拍。

这样一折腾估计10点半了,他依旧毫无睡意,我叫他数羊。他就开始小声地数数,一直数到了50多,就不再数了,很安静。过了很久也没动静,我以为他睡着了,没想到他又翻了个身,说:"爸爸,你拍拍我吧。"我看他一副可怜的样子,就轻轻地拍拍他。

小家伙都快4岁了,在很多时候有很强的智慧,当然也养成了很多不好的习惯。比如说睡觉太迟,这对孩子来说是非常不利的,也是很痛苦的。

我首先得找一找自身的原因,想办法去解决,才是根本之道。我查了一下网上的资料,相关内容并不多,根据豆豆的情况看,有几个可能:一是睡觉前吃得太饱了。我们每天睡前给他吃一瓶奶粉,有可能太多了。二是睡前过于兴奋,下五子棋等游戏过于吵闹。三是他是过敏体质,在季度变换时,过敏引起失

眠,可以给他补充益生菌来改善。

第一、二种可能性存在,但第三种可能性更大。时值夏秋变换季节,过敏引起了豆豆失眠。豆豆会经常因为过敏,身上会发出荨麻疹,一片一片,又红又痒,很难受,严重的时候要打针才能好转。而适度补充肠道益生菌,可调整人体肠内菌群生态,增加体内益生菌菌群,从而提高肠道黏膜免疫力,避免过敏。肠道中有害细菌产生的有毒物质会导致过敏,益生菌进入肠道后会占领地盘使坏菌无立足之地。此外,益生菌会在肠道黏膜形成保护层,使外来过敏原不易侵入体内,益生菌还可协助肠道分解过敏原。

综合起来,我们通过下面的几种方法去调理豆豆的睡眠:一是睡前不再做兴奋的游戏,带他散散步、看看书,也可以讲讲童话故事。二是早点熄灯,九点钟准时上床。三是睡前不再吃奶粉,吃一瓶补充益生菌的酸奶。

通过一段时间的调理,豆豆的失眠症状基本消失了。

看来,益生菌真是个好东西。它能明显地调节健康者和过敏者单核细胞的吞噬能力[①],从而改善过敏反应。什么是益生菌呢? 益生菌就是能活着到达小肠,并且抑制有害菌在肠内的繁殖,促进肠道运动,从而提高肠道机能,改善排便状况的有益菌。乳酸菌和双歧杆菌就是有益菌家族的优等生。通过产生 H_2O_2、抑菌素、有机酸、二乙酰、乙醛等物质和其他因子,可有效抑制肠道腐败菌生长繁殖,减少毒素,促进排便,改善肠功能,发挥抗肿瘤、免疫调节等保健功能。

因为益生菌的最大特点是活菌。益生菌在保质期内应保持一定数量级,才能起到活菌应有的作用。所以从饮用的效果来说,益生菌要想到达肠胃产生良性作用,首先在销售过程中要保持存活,所以一般超市将酸奶放在 0~4℃环境下,而许多小店都把益生菌酸奶放在常温下,益生菌存活有限。一般益生菌酸奶的保质期在 15~20 天,所以消费者应该选择日期最近的益生菌酸奶。酸奶不能烧煮加热,也不能用微波炉加热,否则会结块,其中的乳酸杆菌也会被杀灭,失去原有的保健作用。因此酸奶只能冷饮,或放在温水中温热后饮用。

① 钟燕.益生菌在防治儿童食物过敏中的研究进展[J].上海交通大学学报:医学版,2010(1).

32 宝宝怎么来的——幼儿的性教育

4周岁时,豆豆对生命的形成充满了好奇。他告诉我们,他想讨老婆了,要讨一个肚子里有小宝宝的孕妇做老婆。我觉得非常奇怪,问他为什么。他说:"这样的话,就不用我把小宝宝放进肚子里,我不会放的。"

哦,我恍然大悟。原来是豆妈告诉过他,小宝宝是爸爸放进妈妈肚子里的,他觉得自己不会放,所以要捡现成的。

这让我想起了他上次对豆妈说的话:"妈妈,我想再回到你的肚子里去。你把嘴巴张开,然后再把我嚼一嚼,吞下去。"在他看来,宝宝最初的来源,就是爸爸把小宝宝从妈妈的嘴巴里放进去,然后进到妈妈的肚子里,过一段时间后再生出来。

宝宝怎么来的,是一个性教育问题,孩子有很强的好奇心,父母该怎么来回答这么小的孩子呢。

豆妈对豆豆的好奇采取正面引导,我觉得是非常合适的。她说:"豆豆,小宝宝是爸爸放到妈妈肚子里的,没错。但爸爸不是从妈妈的嘴巴里放进去的,而是像打枪一样,用小鸡鸡射进去的。小宝宝是一颗很小的种子,这颗种子你现在没有,等你长大了就有了。"

豆豆似乎对此有了些新认识,以至于想找一个大肚子的老婆,好当一个现成的爸爸。

每个孩子在成长的过程中都问过同样的问题:我是从哪里来的?其实,孩子对有关性方面的问题,就像是对诸如"天为什么要下雨""鱼为什么会游泳"之类的问题一样,是对世界的好奇心的表现,是对生命的好奇。从生理学的角度来看,幼儿的性心理在进入青春期以前一直处于十分低下的水平,性激素分泌的量也极少,但并不阻止幼儿对性的好奇心。

在与周围人的交往过程中,在家长、老师对男孩、女孩性别表现的描绘中,幼儿逐渐对自己的性别有了初步认识,对自己的性别角色产生体验,并越来越向着性别的社会特征方向发展。但是,家庭中,父母对孩子性别期望过分偏好,在为孩子取名字、买衣服、买玩具,以及选择玩伴等过程中处理不当,或者父母对子女的性方面的问题神秘化或不注意自己的言行举止会对幼儿性心理的发展带来不良影响。

孩子关于性方面的好奇心和想法,让我重新审视幼儿的性教育问题。个人认为,性教育的内容要走在孩子生理心理发育之前,应是提前教育而不是滞后矫正,同时要遵循以下几个原则。

原则一:正确导向。给孩子正确的性别导向。不能认为,孩子不懂事,把男孩当女孩养或把女孩当男孩养无关紧要。从起名、玩玩具到服饰,从教婴儿说话到对婴儿的行为要求,如果不进行正确引导,会给孩子以后出现诸如"异装癖""恋物癖""性错位"等心理疾病埋下祸根。

原则二:把握时机。父母无须像上课一样对孩子郑重其事地讲授性知识,因为孩子不理解,也并不感兴趣。父母应注意把握时机,在孩子提问的时候解答,在遇到动物交流的时候指点。对于孩子的问题,父母都应尽量如实回答,切忌似是而非,或误导孩子。

原则三:淡化错误。对幼儿不当的行为或语言,不要看得太严重。如有父母见孩子玩生殖器,往往采取十分粗暴的态度,甚至采取武力强行制止,其实更应该淡化处理。先听其自然不予理睬,而后通过玩玩具、讲故事等让孩子特别感兴趣的活动将他的注意力转移开。等孩子稍大一些,再在适当的时机不经意地提到此事,并明确告诉他,人的身体有些部位是不能随便去摸的,更不能让别人看和摸。例如,英国的父母就会告诉孩子,背心和短裤遮住的地方不能让别人看和摸。

33 幼儿的生命教育

星期天早上,豆豆和豆妈都赖在床上,开始了一段奇怪的对话。

豆豆:"妈妈,我把你的头拆下来,抱在怀里,你的脚还走来走去,一定很好玩。"

豆妈:"头砍下来了,人还能走来走去吗? 没有头,人就死了。"

豆豆:"不对吧,虾的头砍下来,它的剪刀还能钳人的。"

豆妈:"人是不行的。头没了就死了,明天外婆买菜回来后,你可以拿一只虾试试看。再说人是不能砍头的,砍别人的头要坐牢。"

看来,幼儿的对生命的存在还不是非常明白,他们时常沉浸在自己的童话世界中,也时常沉浸在幻想中。那些童话中的生命是可以无限生存的,或者原本没有生命的东西也会被赋予生命。比如一个玩偶,一个毛茸玩具,甚至一个苹果,一只蜡笔。

但要说他们对生命一点认识都没有也是不对的,只不过认识不透彻,比成人更喜欢幻想罢了。有一天,豆豆对外婆说:"外婆,要过年了,你不要老啊。你要永远活在 50 岁,要定牢,等我长大再变老。人老了要死掉的,你死掉了我怎么办呢? 我不能没有你的,一天都不能没有你。"

如何教育幼儿认识生命,是一大课题。幼儿的生命教育是幼儿认识生命、珍惜生命、敬畏生命、欣赏生命,提高生存技能和生命质量的一种教育活动。因此,幼儿生命教育是在使其感知生命存在的基础上认识生命,养成健康活泼、乐于探究、文明乐群、勇敢自信的性格,具有初步的责任感。

过去,幼儿的生命教育是幼儿园的空白课程,幼儿教师和家长在面对幼儿问及死亡的话题时,处理和教育的能力有限,常以忽视、隐瞒、欺骗、恐吓或敷衍的方式来面对孩子,导致幼儿对死亡存有错误的认知、迷惘、焦虑、恐惧及压力。

但如今，从幼儿教育的眼光来看国内生命教育的发展，可喜的是，越来越多的幼教学者和幼儿园投入幼儿生命教育的领域。

在此方面，我们也有意无意地进行了一些尝试。比如，我们每年都教豆豆养蚕，让他看到蚕从卵变成蚕，再结茧，最后变成蚕蛾，由此亲眼看到一只小蚕宝宝生老而死。

我们让豆豆养过两只小兔子。有一次，豆豆带两只小兔子去草地上吃青草，一只野猫准备袭击小兔子，最后被我们赶跑了。有一天，豆豆从幼儿园回来，看到兔子躺在笼子里一动不动，他说："外婆，兔子睡着了。"喂它东西也不吃，怎么去弄它都不醒来。当时他并不清楚兔子死了，没有很伤心。第二天，他突然提出要小兔子，要带它出去玩。当外婆告诉他，小兔子死掉了，扔掉了的时候，他开始哇哇大哭起来。

珍惜生命、敬畏生命、欣赏生命，对幼儿来说，太玄乎了。但在这个网络和虚拟充斥生活的时代，我们如果对此漠视，也将会带来难以预料的后果。

故此，在幼儿期就给孩子正面的生命教育是非常重要、非常迫切的。在儿童的成长过程中给他们科学的生老病死观念，给他们人文的关爱、赏识，他们长大后定会关心社会，关爱他人。

34 豆豆的十条育儿原则

睡觉时,豆豆拿着一条腰带和他一起睡觉,还说:"这是我的儿子,它很乖的。哪像你们的儿子!"

我接过话说:"是啊。我们的儿子很不乖。"

豆豆似乎听出了弦外之音,马上回答说:"那是因为我会教育我的儿子,你们不会教育。"

"是嘛,是我们不会教育吗?"我问。

"我都看书的,按照书上的教。"儿子说。

"你看的是什么书?"

"《教育孩子的世界》。"他回答。

"那书上写什么呢?"

豆豆:"第一条,不要责骂孩子。"

我:"很有道理,那第二条呢?"

豆豆:"要表扬孩子。"……

在我的追问下,豆豆讲出了他的十条育儿原则:

第一条,不要责骂孩子;

第二条,多表扬孩子;

第三条,多叫孩子做事情;

第四条,要教他爱学习;

第五条,要教他好好吃饭;

第六条,要教他有礼貌;

第七条,要教他讲卫生;

第八条,要教他节约;

第九条，要教他懂道理；

第十条，就是回到第一条。

天！这就是5岁孩子理想中教育他自己儿子的十条原则。当然除了前面三条外，另外的几条都能够找到踪影——那就是他在幼儿园里的成长档案册，每个月要家长从"礼貌待人""收拾玩具""学做家务""懂得道理"等方面对孩子进行评价。在这个共同评价过程中，一些评价内容显然他已了然于心。但是他能够把不责骂孩子和多表扬孩子放在首要的位置，充分说明这两条在他心目中的重要地位。特别是第十条，又回到第一条，看来他是深有体会的。

不责骂孩子和多表扬孩子，难道不是最重要的吗？

如果是一个教育专家坐在台上高谈阔论，告诉我们要赏识你的孩子，赏识你的学生，我们一定会认为是老生常谈，不屑一顾。而从一个5岁孩子的口中说出来，那就不仅仅是应该反思，而是应该检讨了！

当我们责备孩子不好好吃饭的时候，当我们责备孩子动作太磨蹭的时候，当我们责骂孩子没有考到100分的时候，我们为什么不换一个角度去看问题呢？孩子挑食的时候我们可以表扬他专一，孩子动作慢的时候我们可以表扬他仔细，孩子考80分的时候，我们可以表扬他的进步……

曾经看到过一个非常好的观点，那就是：庄稼长得不好，怎能怪庄稼！对于农民来说，庄稼长势不好，肯定会分析原因：是土地贫瘠，缺少微量元素；是虫害严重，影响庄稼生长；是阳光雨水不足，制约了庄稼生长；还是自己疏于管理，导致杂草丛生。责怪庄稼生长太慢，进行揠苗助长的人，想来是少之又少。

我们都知道种瓜得瓜、种豆得豆的道理。孩子就是我们的庄稼，我们在发现孩子缺点的时候，为什么要去责怪孩子，而不去从自身找原因呢？表扬你的孩子，说起来多么简单，做起来又多么困难！

事实上，我们在给孩子念过的绘本中都有这种不责骂孩子的例子。比如，绘本《愿望树》中，小熊生气离家爬到树上后，在寒冷的夜里，妈妈偷偷给他送毯子、食物、提灯，让它自己主动回到家里；绘本《懒奥西》一书中，奥西不肯学飞还向妈妈撒谎后，妈妈没有批评它，只是要求奥西从地上飞回到树上，让它认识到错误；还有绘本《小熊阿力》里面，阿力打破了妈妈最喜欢的碗，妈妈也没有责骂阿力，只是说："阿力，那可是妈妈最喜欢的碗。"

显然，书里面的故事情境，与孩子生活中的实际情况发生了明显的错位，以至于豆豆有这种惊人的十条育儿原则。

作为父亲,我以后该注意什么呢?作为母亲,又该注意什么呢?作为教师,又该注意些什么呢?

曾经看到过一个故事,名叫《刻骨铭心的一课》。故事讲:"我16岁那年的一个早晨,父亲说他要去一个村子办事,把汽车交给我驾驶,条件是在这期间我要替他将车子送到附近的一个修车铺检修。要知道,我当时刚刚学会开车,却极少有实践的机会,而到这个村子有将近20英里,足可以让我过一把开车的瘾。我是无论如何也受不住如此大的诱惑。我当即表示同意,并与父亲约好下午4点回来接他。可在等待修车时,我去附近的一家电影院看电影。当我把汽车开到约定地点时,比约好的时间晚了两个小时!于是,我谎称汽车需要修理的地方很多。"

父亲知道了事情的真相,对儿子说:"我非常生气,但不是生你的气,而是生我自己的气。我想,我是一个不称职的父亲,我让你感到对我撒谎比说实话更有必要。我不称职,还因为我把儿子培养成了一个对自己的父亲也不说实话的人。我要步行回家,在路上好好反思自己这些年来在教育子女方面的失误。"

于是,这位父亲步行20英里回家,通过这种方式让孩子知道自己的缺点和错误,给孩子上了刻骨铭心的一课。

故事中父亲似乎正是运用了豆豆的教育法则,不责骂孩子,通过更恰当的方式让孩子懂得道理,这样比责骂孩子的效果好一万倍。

35 扣你五角星

吃晚饭时,豆豆把玩具恐龙拿到餐桌上,边吃边玩。我叫他先吃饭,吃好饭再玩,他也不听。我就伸手把恐龙夺了过来,放到了酒柜上。他马上嗯了一声,跑向房间,一会儿就回来了,叫道:"扣了你的五角星!"又补充一句:"知道你的五角星为什么那么少吗?"

不知从什么时候开始,小家伙给我们家每个人开辟了一个表扬墙,他认为你表现好的时候会给你贴一颗彩色粘纸五角星,认为你不好的时候会扣掉你一颗,就如同教师表扬学生一样。一开始,谁也没在意它的持久性和权威性。但时间久了,当儿子每天不断地强化这个行为的时候,当每个人在属于他的表扬墙上有一大片五角星的时候,它似乎真的变得权威起来。

这如同一种制度,如果大家都认为它可有可无,不去关注它,不去遵守它的时候,它仅仅是一纸空文。比如,在一个不讲规则、漠视交通规则的城市,可能大街上的红绿灯只是个摆设,没人会在红灯时驻足。而在一个高度文明、高素质的城市,闯红灯就是不可思议的事情,或许在任何法规条文上根本就找不到禁止闯红灯这一条了,因为它已经成了一种文化。在我们家里,如果儿子再如此坚持下去,那些墙上的涂鸦、墙上的粘纸就成了我们家的墙面文化了。

我觉得这也是一件好事。

首先,可以约束家庭成员的行为,包括我们家长和儿子自己。比如,豆豆要求我们进出门脱下的鞋子都要放整齐,如果有人没做到,他就要扣一颗星,这对他自己同样是一种约束。再比如他会约束我不抽烟,约束妈妈不发脾气,当然约束他自己的地方更多。

其次,可以培养豆豆的一种恒心和毅力。成功贵在坚持,如果他的这种激励机制能够坚持三年五年,对他来说,倒是一件很可贵的事情。所以他经常要求买粘纸,有时候是五角星的,有时候是动漫小人的,有时候是图案的,我都非常支持。

不足的地方是,他会以自己的喜好来判定五角星的增减。有时候这个标准显然是错误的,比如我要求他改正缺点的时候,我不迁就他的无理要求的时候。所以,他给我的五角星是全家最少的。

看来,一方面我还得继续努力,让自己变得更完美,在他的心目中形象更高大。另一方面,也要采用一些方法改变他的评价标准。或许可以约束他的权力,采取父母和他,三人投票,来决定五角星的增减,以真正扩大这墙面文化的内涵。

36 早期识字

　　豆豆中班时,朋友送我一套识字教材,适合学龄前儿童学习。我把教材拿回家后,豆豆就翻阅起来。看到这些带图的教材,他很感兴趣。少数字他本来就认识,便开始读起来。有些字非常象形,比如"沙""采",任何一个不识字的人看到这样的字图都能识出这个字来,豆豆对这样的字非常有兴趣。

　　每天晚上,我教他两页字,每页9个。因为有教材的直观图片,他认起来倒不是很费力。十几分钟就完成了。认完后,我想让他再复习巩固一下,他就不太愿意。有时很勉强地复习一下,有时候干脆逃跑了。

　　这样一来,这十几个字中,往往有几个难的字他认不出来,比如懂了的"懂",他总是念成"会"。

　　怎样让他有复习的兴趣呢? 一个偶然的机会让我解决了这个难题。那天,我们俩做模拟看病的游戏,他先当医生,我当病人;然后我再当医生,他当病人。

　　这个游戏做完后,我建议模拟老师和学生。他当老师教我认字。

　　我先模拟学生:"老师、老师,我认识了好几个字呢,我的名字'阿毛'两个字都认识,还有'一、二、三'都认识。"

　　豆豆笑起来:"认识几个字太少了,我来教你认字。"

　　我假装很高兴的样子:"好啊,好啊。老师教我认字喽!"

　　豆豆把识字课本翻到他认过的页码,开始像模像样地教起我来。他像我教他一样,先指着彩图教我读一遍,再指着灰图领读一遍,再指着文字领读一遍,最后再组词,告诉我字的意思。

　　有时候还要问我:"你以前把这个字当成什么?"比如"羽"字,我就会说:"我当成'习'"。

　　豆豆说:"不是'习'。两个'习'在一起念'羽'。"此时他显出一副得意的样子。

偶尔有个别字,他忘记了,会读错。我纠正他,他则笑着说:"到底你是老师,还是我是老师?"我马上认错:"当然你是老师。这个字我也不认识,请教一下家里的沈老师(豆妈)吧。"

看到豆豆那么认真地把 18 个字都教完,豆妈在一旁不怀好意地说:"豆豆,爸爸又在教你认字了!"

豆豆没有明白豆妈的意思,说道:"是我在教他认字!"

每天坚持我先教他,然后他再教我。这样,他学得也很认真,学完后还会再复习,以确保都能认识,以便能教我。

一个多月下来,豆豆学会了近 500 字,效率还是比较高的。听说朋友的孩子,只有 3 岁,因为爷爷奶奶在家教她认字,现在大街上的招牌都难不倒她。小家伙说话非常有条理,成语也很会用。走到大街上,她会说街上车水马龙,吃饭时她会说,吃得津津有味。

其实此前,我也尝试教过豆豆识字。最初是在豆豆两三岁的时候给他买过《学前三百字》,也是图和字对照让他认,图和字只有意义上的关联,不象形。他虽然认识了一些,但效果并不太好。后来,妻子又把小学生的字卡拿回家,让豆豆认,很是枯燥,他坚持了几天也不了了之。这其中,我们还尝试过生活识字、阅读识字等,但终因没有坚持,效果不大。

我和他还做过一个在报纸上"找虫"的认字游戏。就是让他在一篇文章中找出某个字,找到的数量越多越好。比如在《杭州日报》上找"杭"字,这样二三十个"杭"字找下来,这个字他就记住了。但是这种方法效率太低,开始他还比较喜欢,玩多了后,他就厌烦了这种游戏。

而现在用解文识字教材教豆豆识字的同时,我自己也有了知识的长进,知道了很多汉字的来历,比如,"九"是胳膊的象形,包括五个手指、手掌、小臂、大臂、肩膀等九部分;"向"在古代是指朝北的窗户;等等。

因为教姓氏的缘故,我让豆豆把这些姓氏拆开来记忆,如,"木子李""弓长张""古月胡"等。于是,豆豆在认字的时候非常喜欢做拆字的游戏,看到"生",就说是"牛一生",同样还有"也人他""丘八兵",等等。在他念出"丘八兵"的时候,我突然明白了以前看书的时候没有想明白的一个问题:"为什么把当兵的骂成丘八"。

我国不太重视幼儿早期识字和早期阅读。孩子在幼儿园一般不教识字。

幼儿到底应该不应该进行识字教育呢？我国幼儿教育泰斗陈鹤琴先生给出过明确的回答。他在《幼儿园应该进行识字教学吗》一文中提出："语言文字是发展儿童思维的重要工具，为了满足儿童求知的需要，为了发展儿童的思维，我国幼儿园必须对大班儿童进行识字教育。"①在另一篇文章中他说："其实在实际上讲了猫的故事以后，给他看一个猫字，一张猫的图画，小孩子不但对于这个故事的兴趣格外好，而且对于这个故事的情节记得格外牢，对于这个故事的印象格外深。'字'不是一件神秘的东西，可以当做图画看的。"

陈鹤琴的观点很明确地提出了幼儿识字的可能性和必要性。认字不是最终目的，认字是为了早期阅读打基础。幼儿的识字敏感期在5岁左右，此时他们对识字非常感兴趣，家长可以在生活场景中教孩子认字，比如马路上的招牌，书上的标题，他们都会去试着认读一下。此时家长如果运用恰当的方法，及时引导，孩子会轻松认识上千汉字，达到初步阅读的水平。幼儿学会了识字后，就能够自主阅读。书中有趣的故事、丰富的知识、生动的语言都能够给儿童以快乐和满足。但不能单纯以认字为目的让孩子认字，那样会使孩子丧失认字的兴趣，反而事倍功半。

① 郭尚花. 陈鹤琴关于幼儿早期识字阅读思想探析[J]. 太原师范学院学报：社会科学版，2010(3).

37 体验是最好的学习

有一段时间,豆豆迷上了爆丸,买了很多种爆丸玩具,还买了很多爆丸的书和卡片。平时嘴巴里总是念念有词,念叨着各种爆丸的名称和武功秘籍,空下来还要模仿各种爆丸的武功招式。每次外出给他拍照片的时候,他都要摆出相关的姿势,让人忍俊不禁。对于这些孩子的玩意儿,我一点儿也记不住,每次他和我对战,他使出的招式似乎无穷无尽,而我总是那几招,要么是王八拳,要么是降龙十八掌。

那天在我要求他认字前,豆豆又要和我对战。他站在床上,我站在床下。因为天热,我赤着上身。在我还没有做好准备之前,小家伙就先下手为强,对着我的肚皮一阵乱打,同时叫道:"绝速多重击!"因为他力气小,我并没有受到什么伤害,于是我说:"绝速多重击并不厉害!"

听到我说这句话,小家伙右手从我的肩头一把抓下来,同时嘴巴里叫道:"尖爪利刺!"我只感觉到身上一阵火辣辣的痛,低头一看,身上四道鲜红的抓痕。

从此,我永远记住了这两种武功:绝速多重击和尖爪利刺!

曾经借班上了一节六年级的科学课,孩子的知识结构给我留下了深刻印象。上课的内容是月相变化,孩子能对月球的知识侃侃而谈,能与我深入地探讨美国到底有没有登上过月球。但当我问到月亮每天从哪边升起的时候,他们却不知道!他们在书上、网络上读过很多有关月球的知识,但现实生活中却没有去体验过月光如水的意境;他们在现实生活中看到过月亮,但从没有观察它东升西落;家长、教师教他们读李白的"床前明月光",读李贺的"燕山月似钩",却从没有带他们走近苍穹体验玉兔如银、月光如练。

这能怪我们的孩子吗?当然不能。也许要怪我们这个片面追求效率的时代,

也许要怪我们这个浮躁和功利的社会,也许要怪我们这个唯分数的教育制度!

体验!体验是如此美妙!我们都喜欢去迪斯尼坐翻滚过山车;我们都喜欢去亚龙湾享受碧海蓝天;我们都喜欢去爬一次无名的山峰来一次探险。马斯洛说看每一次日落都像第一次看那样美妙,看每一朵花都喜爱不已,就在他见过许许多多花以后也是这样……感到自己窥见了终极真理、事物的本质和生活的奥秘,仿佛遮掩知识的帷幕一下子给拉开了……像突然步入了天堂,实现了奇迹,达到了尽善尽美。这,就是高峰体验。

体验!体验是如此的重要!体验是我们的学习方式,体验是我们的生活方式,体验是我们追求生命意义的方式。

美国一所大学的校门口写着一句话:我听过,我忘记了;我看过,我记住了;我做过,我学会了。

孩子对世界的认识,最主要的是来自对生活的体验,他的手被火苗烫过,就知道火苗的温度,不会再去碰火;他的手被门缝夹过,就不会再去玩关门开门的游戏;知道了夏天玩水很有趣,见到了水洼就想去踩几脚。

体验是一种有效的学习。陶行知的教学做合一的思想,就是强调体验。他认为,教的方法根据学的方法;学的方法根据做的方法。事情怎样做就怎样学,怎样学便怎样教,教和学都以做为中心。在做上教的是先生,在做上学的是孩子。孩子只有亲自把等底等高的圆锥体里的沙子往圆柱体中倒过,才会深刻理解其体积的计算公式;孩子只有亲自把一只小蚕养成蚕蛾,才会深刻认识什么是昆虫的变态;孩子只有在炎炎夏日里卖出几份报纸赚到几块零钱时,才会知道为什么要节俭……

正如朱永新教授所说,教育生活应该是幸福完整的生活。只有在愉悦快乐的情境中,教育才能取得良好的效果。我们要教给孩子知识和技能,我们要培养孩子健全的人格,我们更要还给孩子一个幸福快乐童年!

38 孩子为什么不认错

晚上,我送豆豆去上积木课。下课后,豆豆兴致勃勃地叫我去看他搭好的作品,什么电风扇、加油车、调节温度的烧烤箱,等等。班里总共 4 个孩子,大家搭的东西都很类似。显然,孩子们还在为他们的作品而得意。

这时,老师叫孩子们把搭好的积木拆下来放回箱子。豆豆和同学杭杭乱七八糟搞了一通,搞得地上、桌上到处都是积木,老师制止时,他们还嘻嘻哈哈的。

积木没有整理好,杭杭去洗手了,豆豆也跟了出去。我正在帮老师整理积木,听到杭杭大声说:"水弄到我身上了!"我走过去一看,杭杭裤子上都是水迹,豆豆正装模作样地拿纸巾在杭杭的身上擦拭。

我问豆豆是怎么回事,他不肯讲,站在那里一副无辜的样子。我随手用拎着的布袋子朝他的头上晃了过去。他的眼泪流出来了。

我问:"是不是故意把水弄到杭杭身上的?"他既不否认也不承认,只是在装模作样地擦眼泪。我叫他向杭杭道歉他也不肯,叫他和老师说再见也不说,一副放了气的皮球的样子,和刚下课时那个调皮捣蛋的孩子完全判若两人。

我生气起来,自顾自地往家里走,豆豆哭丧着脸跟在我后面。

回到家,豆豆还是一声不响。我的气也消了,思考我刚才处理方法的简单与粗暴。孩子似乎并没有大错,只是带着课堂的兴奋,和同学玩闹,结果有些出格,而我却以他欺负别人的态度来对待他,让他害怕了。我稳定了情绪,先给他吃了颗糖,然后再语气平和地问:"豆豆,说说看,什么地方做错了?"

豆豆说:"你要说,现在说出来我可以原谅你,否则不原谅你,这样我才敢说的。"

我十分惊愕,就说:"现在说哪里做错了,爸爸原谅你。"

果然他马上认错:"我把水泼到杭杭身上了。"

"还有呢?"

"收积木的时候不乖。"

看来,我们一直认为孩子做错事不肯认错,是孩子固执、坏的表现,其实是一个巨大的错误。孩子不肯认错,可能是其他原因,一种情况是孩子没有认识到自己的错误,比如玩了不该玩的东西。第二种情况,就是家长过于严厉,孩子害怕认错后受到打骂和严厉的惩罚。

这是值得我们深思的。如果孩子一时不肯认错,家长可以采取冷处理的方法,让自己和孩子都先冷静下来,再寻求解决办法。

家长在处理孩子的错误时还需要注意几点:一是只谈眼前,不翻旧账。做错的事已经批评过了就应该"结案",不要老是记着孩子以前不好的地方,让孩子觉得在父母面前永无法翻身。孩子正处在学习做人的过程中,父母要原谅孩子的过错,动辄翻老账,这样很伤孩子幼稚的心,孩子是不会接受的。二是不能只注意孩子的错处,要意识到孩子在犯错的过程中可能本来并没有恶意,只不过由于方法不当造成了恶果。三是要恩威并施,打一下要揉一下。批评孩子后,父母不要一直板着脸说话或不理睬孩子,如果本来打算和孩子出去玩,也不能以孩子今天做错事为理由不带他出去。要让孩子知道,做错了事就应受到批评,但父母不会因为他做了错事就不爱他。

39 竞赛的危害

　　下班回到家里,豆豆正在玩他的爆丸小子,嘴巴不停在喊叫:"绝速拳王,冲啊! 净水蓝龙,出击!"

　　这段时间他对此非常着迷,有空就摆弄那些玩意儿。几十种爆丸小子的名字、属性,都能一一报出来,还经常把那些卡片拿过来请教我每种爆丸的必杀技。到后来,每种爆丸的名称、威力指数、必杀技都搞得清清楚楚。

　　我见他又在玩这种无聊的游戏,就对他说:"儿子,来,我们杀一盘围棋吧。"

　　他不理睬我。我又说:"来一盘吧,你前几天围棋比赛输掉了,明年再去比的话,一定要赢他们。所以,要好好学习嘛。"

　　说完,我把桌子、凳子、棋盘都摆好,叫他坐过来。他很不情愿地坐过来,但手里还是舍不得放下他的玩具。我又催他下棋,他还是不看我一眼,手拿一颗棋子,半天也不落子,一副失魂落魄的样子。

　　我有些生气了,问道:"你到底下不下?"

　　他给我来个徐庶进曹营——一言不发。

　　我更火了:"不下算了。围棋培训班也不要去了! 我给你买的爆丸全部扔掉!"我把棋子一丢,站起来。他马上哇地大哭起来,拉住我的衣服:"不要! 不要!"

　　看到他如此在乎几个爆丸,我又好气又好笑,意识到自己刚才发火实不应该,一个幼儿园中班的孩子,正是要玩的年龄,我何苦要强迫他下围棋呢!

　　我在这个年龄段,甚至更大一些的时候,又在干些什么呢? 还不是在玩沙泥,抓蚱蜢。这些东西对孩子来说不就是学习,不就是成长么! 难道只有让他们练习那些抽象的"金角、银边、草肚皮"才算是学习吗?

　　此前,我送他去参加幼儿园的围棋培训班,也是抱着让他玩玩的态度,并没

有想让他学得如何好。因此,在他参加培训班之余,我很少和他下一盘,也从不教他。

为什么现在突然转变了观念,搞得原本天真活泼的儿子哭哭啼啼,自信全无呢!

思来想去,都是比赛惹的祸!

前一个周末,我带儿子去参加了市少儿三棋比赛。这是培训班的老师替他报的名,说是让他锻炼一下。豆豆本来是很不愿意去的,在我们用爆丸作为诱惑的前提下,他同意参加了。两天比赛,共下了8盘棋,得了3分。其中一盘是对手没有参加捡了2分,还有1分是到时间了,棋没下完。而和豆豆一起参加比赛的同班同学当当却胜利而归。

正是由于有了那次的围棋比赛,有了比较,有了攀比,有了从众,才让我们把自己的意愿强加给孩子。

教育的失败,大抵如此。

一位朋友有一个读一年级的孩子。在一次语文考试后,他发现儿子试卷上有道看图写话题被扣了分。这道题的画面上,有一个男孩正在给小树苗浇水。儿子写的话是"哥哥在种树",结果被老师判为错,题下订正为"哥哥在浇水"。其实,根据画面显示的内容,这道题不能算错。于是,他把孩子叫到身边,问道:"哥哥在种树是正确的,为什么没有得分?"儿子吞吞吐吐地说:"老师说,她说的答案是标准答案。"

他没有再和儿子说下去,因为在孩子眼里,老师是绝对正确的。他不在乎儿子的分数,但心里想:老师的一个标准答案,使儿子原本该算正确的思维方式受到了否定,儿子就没有勇气再展开思维了。

独立思维,是孩子的一个重要素质。于是,他思考如何让儿子认为自己的答案也是正确的。他和儿子一道研究那幅栽树图,温和地告诉他:"画面可以说'哥哥在浇水',也可以说'哥哥在种树',还可以说'弟弟在浇水'"。儿子跟着说:"也可以说'弟弟在种树'"。他连忙点点头,并告诉儿子一道题可能有多个正确答案,叫儿子再想想还可以怎么说。儿子想了一会儿,说:"小树长高了。"接着又说:"我和小树一起长大。""真不错!"朋友看看儿子冥思苦想、跃跃欲试的神情,感到十分欣慰,因为儿子渐渐摆脱了教师标准答案的束缚,生出一种求异思维的勇气。

但是末了,儿子疑惑地问他:"老师会不会批评我想了很多答案?"他摸着孩子的头说："老师说的是标准答案，你想的是参考答案，都是正确的，老师一定会表扬你的。"儿子听后满意地笑了。

这位朋友确实是智慧的，他不仅没有责怪孩子没有做出标准答案，反而引导孩子思考，打开孩子的思维，让孩子从僵化的应试思维中解脱出来，成为一匹可以自由驰骋的小马。

相信很多家长听孩子说过这样的话："学校如果没有考试就好了。"这折射出什么？说明孩子害怕考试，不喜欢考试，说明竞赛和考试带给孩子更多的是失败和痛苦，更多的是对自信心的打击，更多的是功利的追求和虚无的虚荣。

家长该如何面对孩子的考试成绩呢？还是那句我们送给孩子的话：胜不骄败不馁！孩子考得好，未必就是学得好，可能是刚好按老师的要求死记硬背了，可能是他的答案刚好符合阅卷老师的偏好，也可能是他瞎猫碰上死耗子；孩子考得不好，未必是学得不好，可能是他粗心了，也可能是他的答案未遇到知音，也可能是他的智慧还未开启。

那么，当孩子羞答答地递过他的考卷让你签名时，你可以说一句：孩子，这次没考好不要紧，下次再来过！

40 送　行

　　我要回老家一趟，豆豆很想跟我一起回去。但我和豆妈都担心路途遥远，时间太久他不能适应。好在豆豆很听话，在我们拒绝了他的要求后也没有再坚持。

　　吃过晚饭，豆豆问我要了白纸，说要画画，然后就坐在地板上开始画起来，还嘀咕："画这个是我的强项。"

　　他所谓的强项就是画那些涂鸦画，各种颜色的线条杂乱地组合在一起，非常抽象。很快他就画完了，递给我说是送给老家阳阳姐姐的礼物。哈哈，小家伙还真有心。我问他画的是什么，他说画的是海盗和轮船。然后又拿给豆妈，要她帮忙写上名字。

　　出门时，儿子坚持要帮我拉着那只拉杆包。在电梯口，他突然问我："爸爸，我的画带上了吗？"还真忘记了，刚才豆妈在画上写完了名字后忘记放进包里了。豆豆叫豆妈赶紧回去拿。这可是最重要的礼物啊！

　　在小区里，豆豆坚持要拉着拉杆包，送我去打的，他弱小的个子拉着那个大包显然有些费力，还显得有些滑稽。晚上 8 点钟了，小区的路灯把他矮小的身影一会儿变短，一会儿拉长。他看着自己被拉长的影子说："妈妈，我好像长大了，你看我的影子那么长了。"

　　我说："呵呵，你当然长大了，不但长高了，还懂事了，拉着这么重的包送爸爸。你真是太棒了。"一股自豪的心情油然而生。

　　再过一个多月，儿子就满 4 周岁了，时间过得真快啊！正是 4 年前，儿子快要出生的时候，母亲去世了，我怀着悲伤的心情去为她送行。4 年后的今天，当我再次去给母亲上坟时，儿子已经能送我上火车了。母亲如果地下有知，肯定很欣慰。

这，或许就是生命的轮回吧。

我还清晰地记得，4年前的今天，母亲弥留之际，看到我陪在她身边，就问我："娃生下了吗？"我摇摇头，又点了点头："妈，你安心养病吧。过几天就把娃带回来给你看看。"母亲似乎很满足，安详地闭着眼睛。

第二天早晨，母亲就开始昏迷了，隐约地听到她在含糊地说："娃哭了，快去看看啊。"

母亲是多么希望能看到孙子，能够抱一抱孙子啊，可惜终究没能如愿！豆豆1岁多的时候，我就带他去给奶奶上坟了。在奶奶的坟前，豆豆虽然懵懵懂懂，倒也听话，给奶奶叩头。我在一旁向母亲倾诉：她的孙子如今长大了，懂事了，希望母亲在地下安息。

41 每天陪孩子一小时

有一篇新闻报道,说我国一位举重冠军,因为训练多回家少,女儿不认识爸爸了。我不知道该怎么评论这件事,该敬佩他事业第一,事业成功,还是该批评他没有承担做父亲的责任。

也许有的父亲会说,我拼命工作,拼命赚钱,不就是为了孩子能有个好的生活环境,为了他将来有个好的生活。

那么我会问:怎样的孩子将来会有一个好生活?是给了他很多钱,还是通过你的地位给他很好的人脉资源?

这件事情,古今中外早有答案。

曾国藩是清末湘军首领。他权管四省,位列三公,拜相封侯,谥号"文正"。他的儿子可算得上是"正牌高干子弟"了。然而,儿子曾纪泽和曾纪鸿都没有变成"衙内"和"大少爷"。曾纪泽诗文书画俱佳,又自学通英文,成为清朝的著名外交家;曾纪鸿虽不幸早死,研究古算学亦取得相当成就。曾国藩教子的方法,是"爱之以其道"。这个"道",就是给孩子造就健康的身心、坚强的意志、良好的品格。

卡尔威特八九岁时就能自由运用德语、法语、意大利语、拉丁语、英语和希腊语这六种语言,9岁时进入了哥廷根大学,年仅14岁就被授予哲学博士学位,16岁获得法学博士学位,并被任命为柏林大学的法学教授。这一切并不是他从小有多好的天赋,而是他父亲有针对性、亲自培养的结果。

最近轰动全国的"我爸是李刚"的事件,最能说明问题。李刚为儿子创造了非常丰厚的物质财富,还有非常好的人脉资源,其子小小年纪就能开名车,住豪宅,然而,这样的教育带给孩子的是为所欲为,目空一切。

作为父亲,每天用一个小时陪孩子是非常必要的。特别是孩子还小的时候,更需要父亲引导、陪伴。这一个小时能安排些开发智力的活动固然好,但即使只是和他一起在公园里散散步,或者是在家里和他一起聊聊天,玩玩游戏也是好的。

然而,更多的爸爸总是工作很忙,应酬很多,没时间陪孩子。有时候在家里,也会只顾自己看电视、玩网络游戏,而把孩子晾在一边。这对孩子的成长是极为不利的。

孩子的成长,特别是一些优秀的心理品质,如坚持、责任、勇气等,均是在父亲的鼓励和积极参与下培养起来的!

美国耶鲁大学的科学家最近做的一项研究成果表明,由男性带大的孩子智商高,他们在学校里的成绩往往更好,将来走向社会也更容易成功。这项调查是他们持续了12年,对从婴儿到十几岁孩子各个年龄段进行跟踪调查所得出的结果。我们并不否认女性教育的重要性,母亲以女性那种感情细腻、做事认真仔细、性格温柔去影响孩子,通过讲故事、教唱歌、玩玩具等给孩子很多的关怀与呵护,这是功不可没的。然而,缺乏男性教育往往会使孩子表现出多愁善感、性格懦弱、胆小怕事以及性格孤僻、自卑等缺点。男性教育恰恰弥补了这些不足。男性的特点往往是坚韧、大胆、果断、自信、豪爽、独立,这些特点往往是女性所不具备的,这就显示出男性教育所不能替代的作用。当然,父母各有优势,必须做到双方互补,互相平衡。

父亲在陪孩子的过程中,可以承担多种角色。

父亲是朋友。陪伴孩子,参与孩子的活动,做有趣的游戏,听孩子讲幼儿园、学校里的有趣事,经常注意孩子想到的和关心的那些事情,采用自然的方式来教育和引导孩子学习。那天,我陪儿子在公园里散步,他对我说:"爸爸,我给你念一首儿歌,你不要生气。"我一愣,回答:"哦,不生气,你念吧。""今天的阳光多么多么灿烂,我们的学校多么多么破烂。100个孩子99个笨蛋,还有一个是杀人犯。"这样的儿歌,孩子只是当成顺口溜在念,他也知道是不好的。当然,如果他不把我当朋友,也是不会告诉我的。

父亲是榜样。独立自主、勇敢冒险、创新进取等良好的个性品质会感染孩子,帮助孩子形成健康的人格。父亲的榜样作用还会促使孩子乐于运动、探索,激发孩子旺盛的求知欲,从而拓展他们的知识面,提高他们的认知技能,有助于孩子性别角色正常发展。父亲对于儿童性别角色社会化起着重要作用。儿童与性别有关的行为与父亲的教养是分不开的。对于男孩来说,父亲是他的典范,男

孩从父亲那里模仿学习男子汉的气概,女孩则从父亲那里学习与异性交往的经验。

父亲是严师。《颜氏家训》中说:"父母威严而有慈,则子女畏慎而生孝矣。"父亲由于知识面比较广,会更多地充当孩子教师的角色,解答孩子的提问,指导孩子学习,引导孩子探究,等等。豆豆两岁多的时候,一次尿床了,我拿电吹风吹床单,他指着电吹风的进风口问:"爸爸,风是不是从这里进去,从前面出来?"小小年纪,能提出这样的问题,着实让我大吃一惊。我顺手从毛毯上拉出一根线,凑近工作的电吹风进风口,那根线就像长了翅膀一样往电吹风里钻。关掉后,它就不动了。我说:"风进去的时候,把这根很轻的线一起带进去了。"从而让豆豆知道自己的想法是对的。

父亲的教育往往具有以下一些特点。

父亲倾向于自立,因此教育孩子也要自立。他们往往不是对孩子包办代替,而是鼓励孩子自己独立地去处理问题,因此对孩子溺爱的成分就比较少。如果一个孩子摔倒,孩子并没有哭,母亲通常会跑过去把孩子扶起来,又是拍,又是揉,硬是把孩子的眼泪给揉出来了。而父亲往往不是这样,父亲会说:"孩子,你真棒,摔跤也不哭。摔跤没关系,不摔长不大。"

父亲往往喜欢冒险,因此他们对孩子的冒险行为也会适当给予鼓励。会带他们去攀岩,爬树。如果孩子从高台阶往下跳,母亲往往会严厉批评。可是父亲就不是这样,他们会伸出大拇指对孩子说真棒!

父亲往往爱运动,他们喜欢带孩子去跑步、游泳、攀岩、打球,这在无形中就锻炼了孩子的意志力。

父亲的动手能力比较强,他们让孩子劳动不只是让孩子去扫地、擦桌子,而往往是和孩子一起用锤子、钳子等工具去修理东西,制作玩具,这在无形中就培养了孩子的动手能力。

父亲的探索精神比较强,他们和孩子在一起往往会搞一些探索性的活动。如果孩子把玩具拆开,母亲通常会责怪孩子。而父亲往往置之不理,甚至会和孩子一起去拆玩具,满足孩子的好奇心,然后再教孩子把玩具装好。父亲往往对新生事物比较感兴趣,因此也会激发孩子对新事物的兴趣。孩子一般都爱和父亲一起玩游戏机、电脑等,这些对培养孩子的探索精神都是很好的。

父亲一般比较爱下棋,他们和孩子在一起下跳棋、军棋、象棋、围棋,这对培养孩子的逻辑思维能力是很有好处的。

父亲不像母亲那样爱干净，因此对孩子玩泥土、挖沙子往往持支持态度。英国科学家发现，孩子太干净对身体并不好，"脏"孩子更健康。这是因为太干净，就会很少接触细菌和病毒，体内无法产生抗体，一旦有大量病菌侵入身体就被打倒，因此"一尘不染"对孩子成长并不是好事。这样看来，父亲对孩子卫生问题的宽松态度反而有助于孩子的成长。

　　相对母亲来说，父亲比较喜欢劣性刺激，如困难、饥饿、劳累等，他们往往认为这些是人生必有的经历，因此认为孩子碰到这些困难没有什么了不起，应该让他们自己去克服。这些劣性刺激对孩子的教育是十分有利的。

　　放下手中的应酬和工作，每天陪孩子一小时。

42 不要给孩子贴坏标签

很多家长喜欢给孩子贴坏标签：小马虎、大笨蛋、懒惰虫、调皮鬼、多动症，等等。

孩子听到这些批评之词，一开始当然是不满和抗议，当这些标签成了家长的口头禅后，经过家长不停地重复、强化，久而久之，孩子就由不满变为麻木，再到欣然接受，到那时，想改都来不及了。

周日下午，我带儿子去参加了一个课外阅读培训班。第一课学的是《小虎长大了》，内容讲的是小虎长大了，样样事情喜欢自己动手，不要爸爸妈妈帮忙。早晨起床时，妈妈要帮他穿衣服，他要自己穿；妈妈要帮他洗脸，他要自己洗；爸爸要帮他盛饭，他要自己盛。

孩子们在课堂上深受感染，都说自己的事情要自己做。儿子也说："妈妈要帮我打洗脚水，我说，我自己打。"

晚上回到家里，他的洗脚水还是豆妈打的。豆妈问他："你不是说要自己打吗？"

儿子回答："因为我懒嘛。"

天！他居然说自己懒，还不以为耻。我突然发现这个标签正是家长给他的，且经过多次强化后，早已深深地烙在了他的额头，烙进了他的心里。

要改变这种情况，只有重新贴上正面的标签，并不断地强化，直到他重新认同新的标签。这个过程比从一开始就给他贴好的标签当然要漫长得多，而且不一定能奏效。

孩子天生很懒吗？不！每个孩子生来都是勤劳的，父亲动手修理电器时，他会抢过螺丝刀要去帮忙；母亲洗衣服时，他会抢过肥皂，去搓洗自己的小衣服。此时家长往往大声阻止，怕他弄破自己的手，怕他打湿自己的衣服。久而久之，家长干活，孩子就不再愿意帮忙了，此时家长又会给孩子贴上懒惰的标签。孩子懒惰难道怪孩子吗？

出淤泥而不染，濯清莲而不妖，绝对不是针对孩子而言。孩子的世界观、人生观都没有形成，处于学习和模仿的阶段，别人怎么做，他就会怎么学。这种学习和模仿性，年龄越小而越强。两三岁的孩子会看到别人吃糖，他也要吃糖；看到别人玩球，他也要玩球；看到别人摔一跤，他也会去故意摔一跤。家长如果把孩子叫小马虎，他就会真的成为小马虎；家长如果把孩子叫调皮鬼，孩子只会越来越调皮；家长如果把孩子叫小气鬼，孩子也只会越来越小气。相反，家长把孩子叫小甜心，孩子会越来越甜；家长如果把孩子叫小书虫，孩子会越来越喜欢看书。

一个孩子朝什么方向发展，取决于他处于什么样的环境，取决于家长强化给孩子的语言，而不是取决于家长的内心期望。每位家长内心都期望自己的孩子能有出息，能比父辈强，能青出于蓝而胜于蓝。但家长内心的希望孩子看不到，听不到，他们走的方向是家长语言指引的方向，行为牵引的方向。家长的口头禅是"你真棒"，孩子就会越来越棒；家长的口头禅是"懒惰虫"，孩子就真的变成了懒惰虫，干什么事都没有积极性。

孩子需要激励，需要引导，需要赏识，需要爱和阳光，需要和风细雨，而不是批语、谩骂，不是暴风骤雨，更不能随意贴标签。泰戈尔说得好："不是锤的击打，而是水的载歌载舞使得鹅卵石臻于完美！"赏识教育专家周弘正是用自己的鼓励和爱心把双耳全聋的女儿培养成中国式的海伦·凯勒，2002年与吴仪等人一起荣膺《中国妇女》十大时代人物，还获得了美国波士顿大学博士学位。

应该说，孩子是天生就会自我激励的。他们会因为自己的一点进步而高兴，会因为一点成就而为自己喝彩。有一次，儿子在玩一种类似拼七巧板的游戏，拼完后他说："耶，我真厉害！"我以为他全拼好了，就表扬他很棒。他说："只有连在一起的三个球没法放进去。"我说："那还要努力呢。"他回答说："刚才有五个球放不进去，现在只有三个球了。"这就是进步啊，我们为什么一定要求孩子完美？我们自己就完美吗？

为什么不能给孩子贴坏标签呢？

首先，孩子成长过程中有不好的行为是正常现象，根源或许在家长身上。家长培养孩子，如同农夫培养庄稼。如果庄稼长不好，农夫岂能怪庄稼？如果一个孩子酷爱看电视，可能是家长也酷爱看电视，也可能是家长很少陪孩子玩，对孩子放任，把电视机当成了电子保姆。两种原因的根源都在家长身上，家长

要改正孩子的缺点,首先要改变自己,而不是给孩子扣帽子、打棍子。

其次,孩子出现不好的行为可能是因为他并不清楚好的行为是怎样的,或者对孩子来说,家长的标准过高。如前所述,一次,我带着夫人、4岁的儿子,和朋友一起钓鱼,儿子在我们钓鱼的时候老是拿一根钓鱼竿在水面上打来打去,我觉得他太捣蛋,就把他的钓竿藏起来,但他不肯罢休,一定要找出来继续打水。无奈之下,我问他为何如此,他说《米奇妙妙屋》里米老鼠就是这样钓鱼的。

最后,孩子都是向好向善的,他们本身也希望改掉不好的行为。很多家长都有一个不好的习惯,总是拿别的孩子的优点和自己孩子的缺点比,打击自己孩子的自信心。而这时候自己孩子往往会撅起嘴巴,或者说:"你总是不表扬我,而表扬别人。"这说明,孩子都是希望得到家长赞扬的,希望向好向善的。孩子有了这些缺点后,家长要善于引导,告诉孩子危害性在哪里,然后再和孩子一起采取行之有效的措施。

家长的口头禅是家长给孩子最重要的语言环境,对孩子的影响巨大,因此,一定是积极、正面的,这样孩子才会朝积极、正面的方向发展。

43 孩子成长的关键期

　　一株普通的番茄秧,如果用花盆种在阳台上,经过精心护理,它会长大、开花、结果。不出意外,夏天会有几只番茄像红灯笼一样挂在阳台上,令人欣喜。

　　同样的一株番茄,农艺师把它种在蔬菜园里,经过科学的种植,这株番茄会长成高大健壮的植株,会结出上百个果实。

　　同样是这株番茄,如果是科学家从幼苗开始就给它提供更好的环境,配备更合理的营养素,更科学地种植,那么它就会长到 2 米以上,一株就可以长成一个棚架,一年可产 250 公斤左右番茄,相当于结果 1 万~2 万颗。

　　布卢姆的儿童潜在能力递减法则认为,如果把 18 岁的人所达到的平均智力水准看做是 100% 的话,那么从出生到 4 岁得 50% 智力,5 ～ 8 岁增加 30%,9 ～ 18 岁再增加余下的 20%,这样统计,事实显示,7 ～ 12 岁儿童的智力神经成熟已达到 90%。瑞士心理学家皮亚杰也持相同的观点,他认为从出生到 4 岁是人类智力发展的决定性时期。如果把 17 岁所能达到普通水平看做 100%,那么从出生到 4 岁就获得 50% 的智力,4~8 岁可获得 30%,最后 20% 的智力则是 8~17 岁时获得。

　　正是由于坚信即使是普通的孩子,只要教育得法,也会成为不平凡的人,老卡尔·威特才用自己独辟蹊径的教育方法,培养了 19 世纪德国的一个著名的天才卡尔·威特。

　　卡尔·威特出生于 1800 年 7 月,出生后被认为是个有些痴呆的婴儿,他父亲运用合理的教育方法,让他八九岁时就能熟练掌握德语、法语、意大利语、拉丁语、英语和希腊语这六种语言,并且通晓动物学、植物学、物理学、化学,尤其擅长数学。卡尔·威特 9 岁考入莱比锡大学;10 岁进入哥廷根大学;13 岁出版了《三角术》一书;年仅 14 岁就被授予哲学博士学位;16 岁获得法学博士学位,

并被任命为柏林大学的法学教授;23岁发表《但丁的误解》一书,成为研究但丁的权威。

这不能不说是早期教育的典型事例,或许不具有普遍意义。但早期教育的重要性在于,孩子成长过程中最重要、最关键的时期都在婴幼儿时期。

20世纪30年代,奥地利生态学家劳伦茨发现,小天鹅孵出时看到的是劳伦茨,它们就把劳伦茨当成妈妈,于是劳伦茨去什么地方,一群摇摇摆摆的小天鹅就在他身后跟到什么地方;劳伦茨下水游泳,小天鹅也跳进水里,并且亲热地啄着他的头发和胡子。后来劳伦茨又发现,如果这些刚孵出的小天鹅看到的是活动的鸡、鸭玩具,风船、小球等,也会跟着这些东西走;一定的声音也能引起这种现象。例如,他在小天鹅破壳而出之前,对着这些蛋喊"来、来",小天鹅出生后就会跟着他的喊声跑来,而不是追随它们真正的妈妈。劳伦茨把这奇妙的现象称为"印刻现象"。他研究发现,印刻现象与普通的学习是不同的,印刻现象只限于在出生后一个短暂的特定时间才能形成,超过了这个特定的期限就不能形成。这个特定的时期就是关键期。

人和动物一样,生长发育过程中存在着明显的关键期。如果婴幼儿错失了关键期,那么他在此方面的能力将永远无法获得。

小司各特几个月大时,随父母出海旅行,船行至非洲海岸时遇到大风暴,被巨浪打翻,全船的人都遇难,只有司各特伯爵夫妇带着儿子爬上了一个无人的荒岛。司各特伯爵夫妇很快就被热带丛林里的各种疾病夺去了生命,只留下孤零零的小司各特。幸运的是一群大猩猩收养了小司各特,他就跟着这群猩猩父母成长。20多年后,一艘英国商船偶尔在那里抛锚,人们在岛上发现了小司各特,他已经长成一个强壮的青年,跟一群大猩猩在一起,像大猩猩那样灵巧地攀爬跳跃,在树枝间荡来荡去,他不会用两条腿走路,也不会一句人类的语言。人们将他带回英国,引起了巨大的轰动,也引起了科学家们的极大兴趣。科学家们像教婴儿那样教导小司各特,力求让他学会人的各种能力,以使他能够重归人类社会。他们花费了十年工夫,小司各特终于学会了穿衣服,用双腿行走。但是,他始终也不能说出一个连贯的句子来,要表达什么的时候,他更习惯像大猩猩那样吼叫。

比这个更为著名的就是印度的狼孩。1920年,人们发现狼孩卡玛拉随狼群生活,把她救回人类社会。此时她约七八岁。无论从动作姿势、情绪反应、生活方式等方面,卡玛拉都表现出狼的习性。她用四肢行走,不会说话。她惧怕人,喜欢和山羊、小兔子打交道,白天躲藏起来,夜间潜行。每天午夜到早上 3 点钟,她像狼似的引颈长嚎。据研究,卡玛拉当时的智力只相当于 6 个月的乳儿水平。在随后的 4 年里,科学家费了九牛二虎之力,才让卡玛拉学会了 6 个词,能听懂几句简单的话。卡玛拉死时已经十六七岁,但她的智力仅相当于婴幼儿。

到目前为止,关于兽孩的记载有很多,其中以狼孩居多,其次是熊孩、猴孩、豹孩等。这些由野兽抚育大的孩子,他们完全不通人性,狼养大的孩子只会狼嚎,吃生肉喝生水;猴养大的只会爬树摘果,翻腾跳跃……虽然后来有人训练他们,试图恢复其人性,但效果很差,原因就在于这些兽孩,大多是在 3 岁之前就被野兽叼走,他们的大脑在最关键的成长期与野兽的成长环境嫁接在一起,最终无法培养成人。

相反,如果是一个孩子在 10 岁时开始和野兽生活在一起,则不会变成兽孩。日本人横井庄一在第二次世界大战中逃进深山,穴居 28 年之久,1972 年被发现,当时曾有人断言,他再也不能过人类的生活了。但事实是只经过短短的 81 天,横井庄一就完全恢复和适应了人类生活,并在当年结了婚。

在巴拉圭一个现代人很难走进的地区,生活着一个瓜亚基尔人部落。他们的生活方式极其原始,经常迁徙,以寻找他们的主要食物——野生蜜蜂的蜂蜜。该部落躲避人类,语言也极不发达。1938 年,法国人种学家维而拉尔前去考察,在瓜亚基尔人仓促留下的营地里,他找到了一个 2 岁的瓜亚基尔人小姑娘。维而拉尔把她领回法国,并由他的母亲抚养。20 年后,姑娘在自身发展方面已与欧洲妇女没有什么差别了,最后她还成为一个人种学家,并能讲数国语言。

由此可见,先天的遗传固然重要,后天的环境对一个人同样至关重要,特别是婴幼儿时期对一个人的影响比以后所有时间对一个人的影响还要重要得多。

心理学家认为,幼儿大脑发育关键期在出生后的 5～10 个月;0～3 岁是幼儿口头语言发展的关键期,如果错过了这个时期,就难以掌握口语;4～7 岁是幼儿语言发展的第二个质变期,也是学习书面语言的关键期;2～3 岁是计数能力发展的关键期;3～5 岁是音乐能力发展的关键期;3～8 岁是学习外国语的关键期。

我由此庆幸,豆豆 6 岁之前,我们帮他抓住了大部分关键期,智力、语言能力发展良好,计数也没有问题。不足的是没有在他音乐能力发展的关键期有针对性地培养他的音乐素养。不过我想这或许不会影响他对音乐的热爱吧。

111

44 周瑜荐鲁肃

晚上，我照例给儿子念一段《三国演义》。这次念的是连环画《小霸王孙策》。书中讲孙策向袁术借兵后，碰到故友周瑜，周瑜倾力相助孙策，一路招揽人才，先后推荐张昭、张宏，后又推荐鲁肃，最后平定江东，成就霸业。

念完这个故事后，儿子问我："爸爸，为什么周瑜总是（向主公）推荐别人？"

是啊，为什么周瑜总是推荐人才呢？难道他不怕别人抢走了他的权力和地位吗？

纵观中国历史，国运兴衰多与人才有关。人才聚集，则国力强盛；人才凋零，则国力衰弱。汉高祖刘邦，文有谋臣张良、陈平、管家萧何，武有良将韩信、彭越、英布、曹参、樊哙，终于开创一代帝业。

唐太宗李世民继承基业，成就贞观之治，更得益于他手下人才云集。贞观十七年二月，唐太宗李世民为怀念当初一同打天下的众位功臣，命人在凌烟阁内描绘了24位功臣的图像，这24人，大多为我们所熟悉，如文臣魏征、长孙无忌、杜如晦、房玄龄，武将李靖、尉迟敬德、程咬金、柴绍、秦叔宝等。

同样，三国时期，刘备也因为招揽了文臣诸葛亮、庞统，武将五虎上将、魏延、马岱、王平等良将，开创了三国鼎立的局面。蜀国后期人才凋零，姜维独木难支，最终被邓艾一战而克，最先亡国。

历史上，哪些人总是向主公推荐人才呢？为大家所熟悉是萧何向刘邦荐举了韩信；诸葛亮向刘备荐举了庞统；名相狄仁杰先后向武则天推荐了张柬之、桓彦范、敬晖、窦怀贞、姚崇等名臣。

而历史上又是哪些人在排挤人才，清除异己呢？很明显，这样的奸臣历朝历代均有。大家耳熟能详的是秦朝奸臣赵高逼秦始皇长子扶苏自杀；宋朝秦桧陷害岳飞；明朝奸臣魏忠贤网罗死党，杀害正直官吏。

思前想后，一个历史上深刻的命题竟被小儿提出，令我感慨万千，也让我对人对物的看法得到了提升。

　　对那些整天围在领导面前阿谀奉承、溜须拍马、谗言诋毁之人，当疏而远之；对那些胸怀宽广、能图大事的人可结为知己。

　　以铜为鉴可正衣冠，以古为鉴可知兴衰，以人为鉴可以明得失，以史为鉴可以知兴替。

　　以此与朋友共勉。

45 似进似退白云闲

一张一弛书画间，

似进似退白云闲。

牵手稚子溪边坐，

共话桑麻忆流年。

这首诗是我从原单位辞职时写的。它写出了我当时的心境，从上班一族到每天窝在家里，到底是进取还是退缩呢？于是我写出了以上几句诗回答关心我的朋友。

应该说，我原来的单位是一个不错的单位，搞基础教育的教育科学研究，虽然大多数时候是做些应景的事，但也有做自己想做的研究，写自己想写的文章的时候。单位里环境宽松，同事友好，工资虽然不高，但工作之外没有应酬，还有大量的假期，可以带儿子天南海北地跑；可以有时间和儿子一起游戏，一起读书。

随着儿子一天天长大，他的变化可谓与日俱增，而我似乎一直是在原地踏步，而且能够看到 20 多年后，我退休时的模样：不出意外的话，我会在同一个办公室，干着同样的活，拿着副高的工资退休。想到这一点，着实有些可怕，20 多年后的样子已经看到了。我有些不甘心，有些不认同。经过一个暑假的思考，我决定从原单位辞职。

辞职之后干什么？

我告诉自己：一是要干自己喜欢的事。40 年的工作时间，后面的半辈子一定要干自己想干的事，这一点很重要。只有干自己想干的事，生活才有乐趣，才会有干劲。这个道理和孩子读书是一样的。兴趣是最好的老师，有兴趣的事、喜欢的事,自然就会主动去学,才会学得好。二是要干自己比较擅长的事。干自己比较擅长的事,才不至于饿肚子。我这人兴趣广泛,博而不专,爱摄影,爱写作,爱旅游,爱棋牌,但这些大多是业余爱好,不能当饭吃的。真正要能有饭吃的爱好,还要从自己的专业入手。

那天我正在家里看书,儿子说:"爸爸,很久没给我买书了,我们去买书吧。"我和夫人带他到文化商城,那里做儿童图书批发的书店品种齐全,还可以打折。我们在浩如烟海的绘本中挑选了几本绘本,每本打过折还要 20 来元钱。在付钱给老板娘的时候,她说国外的图书交流会都是绘本的天下,所以我们国家的绘本基本还处在引进和模仿国外绘本的阶段,原创绘本还不多。

我灵光一现,我是不是可以在此领域作些尝试呢。我爱孩子,了解孩子,也写过一些孩子的东西,虽然在此方面没什么成就,但我可以学习和尝试,我可以做中国自己的原创绘本,并且用更低的价格,让更多的孩子能够读那些故事有趣、语言优美、人文性强、内涵丰富的作品。

想到这里,我似乎找到了一扇门,一扇通往我人生终点的大门,进入这扇门后,虽然道路曲折,甚至异常艰难,但我相信在此过程中能够看到我以前看不到的风景,能够接触到以前接触不到的朋友。

创业的日子是艰难的,不只是文本的创作,不仅是文本需要得到专家的认同;还有画师的配合,出版的过程、公司的注册和运营,等等,任何一样小事情都有难以预估的麻烦。

好在这一切都在按部就班地进行,我的第一套绘本《爱的蒲公英》也快印刷出来了。

儿子作为第一个读者,他很喜欢这里面的故事,对这里面的图和文也提出些自己的想法。

不管《爱的蒲公英》的销售情况如何,我都会对他像对待自己的另一个孩子一样,珍惜他,提高他。

我相信自己也会和他一起成长。

46 豆豆的问号

早上一睁开眼睛,豆豆就问:"为什么老鼠的尾巴又长又细?"我没解答。吃早饭时,他又问:"什么东西比蚂蚁还小?"我说:"跳蚤"。他又问:"那什么东西比跳蚤小呢"? 我正要回答,他又问:"是不是细菌?"我点了点头。

出门去上围棋培训班前,他又问:"为什么人要做各种准备?"

这家伙脑子里的小问号还真不少。在这之前,他还提出了很多让人费解的问题:为什么所有的人都有屁股? 为什么不是所有的人都有小鸡鸡? 为什么人会讲话,狗不会讲话? 为什么汽车要在马路上开? 为什么热水袋放在头上会掉下来? 为什么螃蟹、蜗牛没有眉毛?

豆豆提出的有些问题很搞笑,有些问题有很强的科学性,还有些问题很有点哲理的味道。

有一次,豆豆提出来一个科学问题:"为什么蜘蛛网能黏住昆虫,不会把蜘蛛自己黏住?"

为了能准确地回答这个问题,我上百度搜索了一下,答案不太令人满意。后来,有段时间豆豆迷上了《昆虫记》,从这本书里找到了答案:法布尔做了个试验,把蜘蛛的脚切下来,用去油脂的化学药品浸泡,结果它的脚就能被黏住了。这说明蜘蛛的脚上有油脂。

有一段时间,他最喜欢问的问题就是关于冬眠的问题,问各种动物会不会冬眠,还问冬眠时间要多久? 为什么动物冬眠不吃东西? 在看《三国演义》的时候,他则喜欢提出些三国里的各种问题。

众所周知,幼儿会提问,喜欢提问是非常好的事情。爱因斯坦也说过:"提出一个问题比解决一个问题更为重要。"家长在幼儿提出这些问题的时候一定要认真回答,知道就是知道,不知道就是不知道。不能打消他们的积极性,更不能不懂装懂。

有一次儿子问我们："为什么狗不会讲话？"

豆妈回答他："狗有狗的语言，这个语言狗能听懂，我们听不懂。"

我回答他："狗不会讲话，是因为狗的发音器官不完备。"应该说，我们父母的回答都有一定道理，但都不太科学，又相互矛盾，把他给搞糊涂了。

对于幼儿的提问，最好的回答是带他一起寻找答案。

有一天，两岁左右的豆豆坐在餐桌前吃奶粉，我吃着面包。他吃了一会儿，就用奶瓶东敲敲西敲敲，突然问我："爸爸，为什么奶瓶敲桌子有声音？"

这么有技术含量的问题问出来，我始料未及，我当然不能回答声音是由振动产生的，只好回答："你看一下，什么样的东西碰撞会产生声音。"说完，我拿起一张餐巾纸，揉成一团后去敲桌子，几乎没有声音。他也学我的样子用餐巾纸敲桌子，先敲得很轻，然后敲得很重，发出了低沉的声音，于是他说："软的东西敲起来很轻没有声音，敲得重有声音的。"显然他经过自己的实践得出了自己的解释，真是难能可贵。这种语出惊人与他还咬着奶嘴的状态似乎很不相称。

豆豆长大后，大人聊天时，他很喜欢倾听，不懂的时候就打断大人的讲话，提出问题："什么是踢脚线？""什么是蓝牙？"这时候很多大人会责骂孩子，不该过问大人的事，打消孩子的积极性，这是极为不妥的。孩子听大人讲话，是一个学习的过程，也是一个社会化的过程。听不懂的地方提出问题来，说明他在认真听，认真思考。如果家长总是打消孩子的积极性，长此以往，他们会变得不愿意倾听，不愿意思考。

豆豆的这种提问精神也让我对自己生活中碰到的事情提出问题："这件事我做得对吗？这样处理恰当吗？有没有更好的处理办法？"

曾子曰："吾日三省吾身——为人谋而不忠乎？与朋友交而不信乎？传不习乎？"

陶行知也提出要每日四问："我的身体有没有进步？我的学问有没有进步？我的工作有没有进步？我的道德有没有进步？"

见贤思齐，路途遥远。

附：豆豆的一些有趣问题

刷牙的时候。

豆豆："牙虫刷不刷牙？"

我:"可能不刷牙吧。"

豆豆:"那是不是有更小的牙虫去咬牙虫的牙齿?"

我:?

豆豆:"那就是牙虫咬牙虫。其实啊,我们人也是牙虫。"

豆豆:"牙医有蛀牙了怎么办?如果警察偷东西了怎么办?时间到底是什么意思?"

一天晚上。豆豆睡在床上。

豆豆:"不知道宇宙到底有没有边?如果没有,它又通向哪里了?如果有边,那边上是不是围墙呢?我总有一天要坐上火箭走到宇宙的边上去看看!"

一次睡觉时,我关掉电灯。

豆豆:"为什么刚关掉灯时什么都看不见,过一会儿就能看见东西呢?"

吃晚饭的时候,我和妻子讨论她班级中发生的事情,她说一个孩子目中无人。

豆豆:"什么是目中无人?"

我:"目,就是眼睛。目中无人,就是眼睛里没有别人。"

豆豆:"目中无人,就是眼睛里没有别人,只有自己。"

47 豆豆的一张抽象画

汉川大地震,牵动了全国人民的心。那些天,到处都是捐款的信息:电台里、单位里、社区里、超市里、学校里、手机里……可以说是全民总动员了,我感觉整个社会的心都和灾区人民连在一起了。

那天下班回到家里,儿子走到卫生间里和我一起洗手。我问他:"豆豆,四川的小朋友很可怜的,老师有没有叫你们捐款啊?"

"叫我们捐的。"

"你捐了吗?捐了多少钱?"我以为是岳母在接他的时候帮助捐了款。

"一百块。"

"你哪儿来的钱?"

"牙齿里。"他走到房间里,把那个牙齿模型储钱罐打开来,里面钢镚儿撒了一地。他一边拾,一边说:"喏,这么多钱,肯定有一百元。"

看来他对钱的多少还没有什么概念。我拿出一张今天的报纸,找出一张灾区儿童的手从地下瓦砾中伸出来的照片给他看。告诉他四川一些小朋友房子都塌掉了,都压在下面,所以我们要帮助他们,送点钱给他们。儿子瞄了一眼图片,眼神似乎有同情,又似乎有些迷惘。

岳母走过来说:"老师是要求小朋友捐款的,叫他们明天带过去,自己塞进一个捐款箱里。"看来,儿子说的有部分是正确的。

睡觉前,儿子和我一起刷完牙后,跑进书房在捣鼓着什么,我走进去一看,他画了一幅画,各种颜色的线条胡乱地穿插在一起,形成一个一个蜂窝,实在是看不懂。

不知道他为什么突然画起画来。我嘲笑道:"儿子,你画了一幅抽象派作品啊?"

"嗯。"他一本正经地回答。

"给我解释一下喽。"

"喏,就是很多洞很多洞,房子倒掉了。"

"哦,就是地震了是吧?"

"是的,就是爸爸刚才给我看的,一个小朋友压在下面了。"

"啊,画得真不错。"

"我明天把这幅画一起捐给那些小朋友。"

"这是个好主意,爸爸帮你把名字写在上面吧。"

早上我起床时,儿子还没睡醒,不时地说着几句梦话,不知道他梦见什么。我掏出一些钱,放进他的牙齿储蓄罐里。我给那张抽象画拍了一张照片后,把画和储蓄罐放在一起,希望儿子的一点爱心能给灾区儿童一点慰藉。

这是汶川大地震时发生的故事,那时豆豆刚好三岁半,上幼儿园小班。他小小的心灵里也充满爱心,不仅愿意捐出自己所有的零用钱,还能把自己同情心通过画面表达出来,实在令我这个做父亲的有些惭愧。

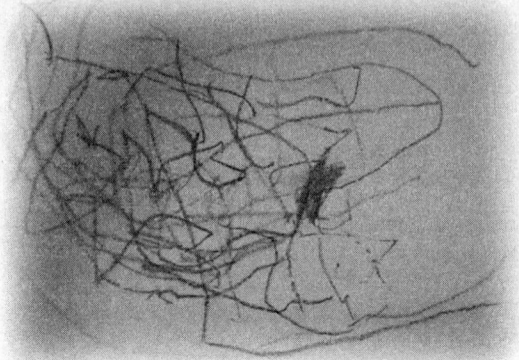

48 快乐的游园活动

　　在每个人的儿时记忆中,游园活动应该是儿时最喜欢的庆祝活动。熙熙攘攘的人流,热闹的节日氛围,有趣的游戏,还有可爱的小奖品,都令人难以忘怀。

　　幼儿的游园活动更是让孩子感受快乐,享受成功的好时光。父母应该和孩子一起参加游园活动,一起分享他们的快乐。

　　豆豆小班时的六一儿童节就是游园活动。我们按老师的要求准时赶到幼儿园,好多小朋友早就开始游戏了。每个教室都改成了游戏室,每个游戏室门口都排了长队。整个幼儿园一共分成 14 个亲子游戏区,需要家长和小朋友一起游戏。

　　我和豆豆从一楼开始,逐个游戏区玩过去。游戏都很简单,很多游戏在我看来也是很乏味的,但豆豆却玩得很开心。比如"小鸡出壳"游戏,就是一张报纸中间撕一个洞,然后让小朋友从洞里钻出来就结束了。也有的游戏比较好玩,如一个游戏是老师把红布条幅结成一个环,让小朋友站在环里滚动往前走,家长在外面协助,先走到终点为胜。

　　一个游戏玩好后,小朋友可以到老师那里盖一个小图章,如果是小组第一名的话还可以得到一个小贴纸。

　　这些盖上去的小图章在我看来没什么差异,更不认识它的名称。豆豆却非常在意,他都要仔细看一下是什么图案,然后告诉我图案的名字:智慧星、米奇手等。

　　一个小时后,我们玩了 14 个游戏,一共拿到了 5 个贴纸。看得出豆豆还没玩尽兴。我问他什么游戏比较好玩,他说用报纸运波波球。随后,我们就拿着盖满 14 颗图章的表格,去一楼领取奖品。奖品还真丰厚,每个孩子一袋食品,有小蛋糕、牛奶、香蕉;还有两个小玩具,一个拉线网球,一个相框。

这次游园活动给我的启发是，亲子游戏是孩子最喜欢的活动。它并不需要很大的场地，也不需要很精致的器材，只需要一个简单的创意和父母的一点时间。

孩子喜欢的游戏和家长喜欢的并不相同，一张报纸，他们或许就可以玩得很高兴，也可能玩出几十种花样。重要的不仅是游戏的结果和质量，还有游戏的创意和过程。

教育专家对美国黑人家庭的调查发现，经常与孩子一起游戏、生活愉快的父母在促进孩子的社会性发展方面起着重要作用，而那些缺乏与父母一起游戏的机会、生活不愉快的孩子在游戏活动中则不善于与他人交往。专家选取 27 名 3～4 岁的儿童，对其与父母在家中开展的游戏进行拍摄，并根据幼儿园教师的观察发现，如果父亲积极发起并参与儿童游戏，尤其是体育游戏，或者母亲参与并指导儿童的游戏，那么这些儿童在幼儿园会普遍受到同伴欢迎，并具有一定的交往技巧。

居里夫人在教育孩子时，就非常注重亲子活动。虽然她的研究工作很忙，但还是抽出时间带孩子到公园去看绿草、蓝天、白云，看色彩绚丽的各种植物和人群，带孩子到水中拍水，引导她们感受大自然的美景。孩子大点后，居里夫人又开始教孩子唱儿歌和讲童话。再大些，居里夫人和她们一起在庭园种植植物、栽花、种菜等，与她们一起散步，在散步时给她们讲许多关于植物和动物的趣事，如种子是怎样在花里长成的、小老鼠和鼹鼠是怎样打洞的、哪里能找到兔子窝，等等。

事实上，幼儿时期是亲子活动的黄金时期，不仅对幼儿的发展起重要作用，更是父母亲近孩子、培养孩子的最佳时间。当孩子进入第二反抗期后，你想陪孩子一起玩，他们还不一定给你机会呢。

49 和孩子一起上幼儿园

如果有机会，我会和豆豆一起去幼儿园：家长开放日的时候看他上课，一起亲子游戏；六一节、圣诞节等特殊日子里一起参加活动；家长助教的时候，共同扮演师生的角色。

这样的日子，是增进亲子感情的好机会，更是了解孩子、给孩子温暖和信心的好渠道，同时，也让我对幼儿教育的理解更深刻一些。

每学期一次的家长开放日，我都尽可能参加。

中班的最后一次家长开放日，也是我去的。早上起床后，豆豆说现在幼儿园里有晨间活动"快乐运动"，要早点去。8点钟我们就到了幼儿园，已经有很多小朋友在走廊上、操场上进行各种晨间"快乐运动"游戏锻炼，有投掷、有跳跃、有攀爬，还有走高跷。豆豆走到班级里，熟练地从墙壁上取下一个蓝颜色的手圈戴在手上，然后走到感统室，进行走平衡练习。感统室里也有很多种游戏，如钻山洞、跳圈圈等。豆豆玩的是走船形的平衡木。为了提高难度，他还在手上拿一个球拍，再在球拍上放一个小球。走的时候，让球不掉下来。

小朋友都很有秩序地排队玩着各种游戏活动，但豆豆在这个项目上玩了十几次了，我问他为什么不到别的地方去玩玩。他说自己拿的是蓝颜色的手圈，只能玩这个项目。

这就是规则意识！值得我们成人学习啊！

曾经有位记者问一位诺贝尔奖获得者，他最有用的知识是在哪所大学学到的。那位大师告诉他是在幼儿园！在那里，学会了排队；学会了分享；知道做错事要表示歉意；午饭后要休息；要仔细观察大自然；等等。

十几分钟后，豆豆到老师那儿领了一个奖励贴纸，然后走到教室里，贴到了自己的栏目上。我数了一下，他总共获得了8张贴纸。在班里算多的。

接下来上第一节音乐欣赏课。每个小朋友拿一个矿泉水瓶,里面装有半瓶清水。上课的是赵老师,她先讲了一个森林里女巫做魔法汤的故事。然后,她也拿出一个矿泉水瓶,再用一块布盖上,同时播放音乐,像女巫一样,拿着包好的矿泉水瓶,跟着音乐做各种动作,最后揭开盖布,奇迹出现了,一瓶清水变成了红色。

孩子们都惊呼起来。老师叫大家跟着音乐做各种动作,变魔法汤,学生的兴趣异常高涨,非常认真,唯恐自己变不出魔法汤。

赵老师随后在黑板上随着音乐画出一些图形,问孩子们各种图代表什么意思。第一个转圈的图形有小朋友回答代表搅拌。老师又问第二种上下振动的图代表什么意思,豆豆举手了,他答出了老师要的正确答案:代表上下摇,而且做了一个动作。

豆豆的想象力可比我强多了。对于这种需要右脑联想、顿悟的音乐、舞蹈欣赏等内容,我是非常苍白的。

后来,孩子们瓶子里的清水在老师的帮助下,也都变了颜色,孩子们高兴极了。

音乐课后是课间餐时间,每个小朋友领到一袋牛奶,两小块饼干。豆豆吃得干净利落。

第二节课是数学课。林老师从认识车牌开始,让小朋友学习数字排列组合。当认识车牌照时,她问"浙A是什么意思?"很多小朋友说是代表浙江。老师继续问能说得清楚点吗?没有人举手。这时豆豆举手了,他回答"浙A代表杭州。"老师得到了一个满意的答案。想起来这个问题我是教过他的。林老师问小熊要用1、2、3三个数字做车牌,这个车牌号可以是什么数字?豆豆在别人回答后,也说了一个"312"。随后老师给每个小朋友3张卡片,写着3、4、5,要小朋友先排一排,给小熊写车牌号。豆豆直接在纸上写上车牌号,可是纸太小,字太大,一个车牌写完就占满了整张纸。他把纸翻过来,学着小朋友的样子,开始画格子。可是画不好。我给他画了6个格子后,让他写。这一次,他很顺利地写出了6种组合。虽然豆豆老是要用左手写,而且5写得很不好,但对于从未学过写字的他来说,已经很不错了。

午饭时,我随其他家长离开了幼儿园。

家长和孩子一起上幼儿园,会发现孩子的另一面。能够发现孩子在班集体中的位置,发现孩子的优点与不足,反省自己的行为和教育方法。这时,我觉得自己也在成长。

50 家长助教

豆豆读中班时,老师要求我去家长助教。此举正合我意,一方面我可以深入体验幼儿教学特点,另一方面还可以观察一下儿子在幼儿园的表现。

我认为给孩子的爱有多种方式,一是给孩子施物,二是陪孩子玩,三是陪孩子玩的时候传授他们一些智慧。第一种爱是最低层次的爱,第三种爱是最高层次的爱。毫无疑问,家长做助教的同时,也给了孩子最好的关爱。

豆豆读托班和小班的时候我都去助教过。托班助教是自编的综合活动课——小白兔采蘑菇。我把雪花片撒在地上当成蘑菇,课堂上先让孩子们采蘑菇,采来的蘑菇放在方围巾里,小朋友每人拉一个角抖动,同时教孩子念了首自编儿歌"采蘑菇,采蘑菇,采来一堆大蘑菇。炒蘑菇,炒蘑菇,吃得肚子圆鼓鼓"。

今天,我决定给他们上一节科学课——折纸桥。其一是因为有现成的材料:我从蓓蕾幼儿园借来固定好的桥墩,还有同样大小用以评估桥面承受力的一筐积木。其二是想给孩子们一些科学启蒙教育。

中班的孩子这节课能掌握到什么程度我心里没有底,也没有事先在家里对豆豆做过实验。我将教学目标定为幼儿能够折出不同形状的桥,并且能够用叠积木的方法判断桥面的承受能力。

我听过很多幼儿园里的公开课,课堂上几乎都是十几个孩子。儿子班级有34个小朋友,要在这样的大班里上课,难度自然很大。首先就是分工问题,因为我准备的材料是12组,所以有的是3人合作,有的是2人合作,对他们来说合作难度大。其次是这些材料没有事先分发下去,课堂组织就增加了难度。好在是助教课,课堂乱一点没什么关系。

课一开始,我给他们出了一个谜语:"年年月月立水中,不怕雨来不怕风。能走车马能走人,只为道路好交通。"这个谜语是我前一天在网上查到后改编过

的,不知道它的难度如何。出乎我意料的是,我念出这个谜语后,学生第一波回答都是"交警""警察"之类,显然他们只听懂了后面的一句"只为道路好交通"。我再念了一遍谜面,并略加解释后,有人说是"青蛙"。豆豆也举手了,我叫起了他,他回答说:"不就是鱼嘛"。我又强调了"能通车马能走人",这时有一个孩子说是"桥"。但是其他的孩子似乎并不认同,还有五花八门的答案。我肯定了桥的答案后,一个叫早早的小朋友提出来"有的桥(下面)没有水"。我赞同了他的回答。

看来这个谜语学生回答不上的主要原因是谜面不好,不够形象,也不够准确。豆豆回答"鱼"的原因,也是因为只听懂了前面两句。

第二个环节,我让他们说说看过哪些形状的桥,并演示了判断桥的承受能力的方法,随后让孩子们用白纸做桥面去研究它的承受能力。我发现孩子们研究得很投入,合作过程中并没出现争抢打闹等不好的行为,但做出的桥面多是平桥和瓦楞形的桥,这正是我刚才演示给他们看的桥。

我给两个小组分别做了指导,教他们尝试拱桥的承受能力。豆豆和一个叫杨杨的女生做了瓦楞形的桥,但他们折瓦楞的时候都朝一个方向折,所以打开后不是一个平面的瓦楞,变成了两边下垂的桥面了,但效果也还不错。

十几分钟后,我叫他们结束研究,收起积木和桥墩,报告桥的形状和个数。孩子们讲不太清楚自己是做的什么形状的桥,在报个数时几个组的小朋友都报两三个,豆豆则报了7个,我给他们记在黑板上。此时意外情况发生了!一个小组报出了10个的数字,我给他们记了下来。显然这个数量大大超过原来一直领先的7个,至于这个小组是不是有10个我没有一点底,因为刚才我没有关注到他们小组的情况。

这时和豆豆合作的女生杨杨站起来说自己组是11个。

我知道这是不可能的,因为她和豆豆研究的时候我关注到了,知道大概的数量,而且7个已经写在了黑板上。但我又不便直接批评她,于是我说:"呀,真有这么多吗? 那你刚才怎么不叫老师过来看一看呢?"

这时豆豆站起来说:"她骗人的,没有那么多。"小女孩脸红了。我说:"哦。这个数字一定要准确。因为我们是在做科学试验,一定要实事求是。"杨杨马上说:"豆豆刚才报的7个也是假的。"豆豆马上说:"我是放了7个,它马上就轰地塌了。"

看来两个小家伙都在耍小聪明,这是豆豆最容易犯的缺点。

在家长助教的课堂上，一个好的现象是，孩子们能够比较认真、比较合作地去研究布置的任务。虽然很多幼儿对研究目的还不是很清楚，更搞不明白桥面和承受力之间的关系，但这不要紧。重要的是他们体验过了，尝试过了。

通过家长助教，我更深入地了解到了5岁幼儿的学习水平、学习状态，知道了他们的长处和不足，为日后有针对性的教育打下了基础。

要知道，如果在家里，对五六岁的幼儿单独进行半小时的课堂教学式的教育，是不太可能的，因为缺少学校的氛围，孩子是不太愿意配合你进行教学活动的。除非你是和他进行游戏活动，或者是他非常感兴趣的学习内容。

家长助教并不限制教学内容，任何家长都可以参与。给孩子们讲个故事，带孩子们做个游戏，教孩子们做做手工，玩玩沙子，玩玩球，或者有的家长擅长金工、木工，都可能让孩子非常喜欢。助教的时候，家长把爱给了自己孩子的同时，还给了更多的孩子。最重要的是使自己的孩子产生了自豪感，他等于告诉同伴："我的家长非常棒！"

长此以往，孩子也会朝着很棒的方向发展。

51 给孩子一个大拇指

豆豆小时候,不管在干什么事情,我都会给他一句赞扬,夸他干得特别好,还会加一个大拇指。饭吃得好,玩具收拾好了,回到家洗手了,看书了,等等。点滴小事都会给他一个表扬。即使是他做错了事,要批评他,也先表扬他的优点。比如,他吃饭撒了一地,我会说:"豆豆今天吃饭吃得真快!太棒了!这样下去将来肯定长成个棒小伙。不过吃得太快有些饭掉到地上了,如果能捡起来爸爸就更喜欢了。"豆豆此时会很乐意地去捡掉在地上的饭粒。

试想,如果此时家长开口就批评:"小子,怎么吃饭的?饭都撒了一地,快捡起来!"孩子肯定不乐意。

孩子生来就喜欢得到别人的认可,生来就喜欢得到表扬。家长对孩子千万不要吝啬表扬,那样会让孩子没有成就感,会因此而泄气。有一段时间,他对我们说:"老师都不表扬我的。"

豆妈说:"老师表扬你的呀。他对我们说你上课认真,回答问题好,从来不和同学闹矛盾,体育考试也很好。"

儿子说:"她不在班里表扬我,对你们表扬有什么用?"

儿子的话真是至理名言。人是需要不断被激励的,是需要被人赏识的,特别是在群体中要能得到别人的认同。唯其如此,他们才会有更大的动力和干劲。成人如此,儿童更甚。

著名的儿童教育专家、特级教师杨一青老师说:"有的老师在批学生作文的时候,总喜欢给一个低的分数,明明可以给 90 分的给 80 分,可以给 80 分的给 60 分。给学生分数又不是给学生钱,为什么不大方一点,给学生一些激励呢!"

教师的作用其实很简单,就是赏识学生,表扬学生,给学生自信,给学生种一个梦,许学生一个美好的未来。

家长同样如此！

豆豆5周岁时，我带他参加"走运河、迎新年"活动，在我的表扬下，3公里的路程很顺利就走完了，还兴致勃勃地参观了自然博物馆和科技馆。要知道，在活动之前，我是做好了背他走完最后一段路程的准备的。

我们每个父母在孩子蹒跚跨出第一步时，都欣喜地夸奖他真能干，给他竖起大拇指。但当孩子长大了，表扬却越来越少，很多家长眼睛看到的往往是孩子的缺点，往往要求他们尽善尽美，结果往往适得其反。

有一个朋友因为儿子丁丁在学校经常闯祸而深感失望。在老师讲课时，丁丁故意打断讲话，每次这样做都要被罚造50个句子。老师惩罚孩子，丁丁又不肯屈服，常常拒绝造句。这样老师加倍要求造句数量。朋友害怕丁丁变得不可救药，开始嘲笑他，希望能激发他的自尊心而努力学习。结果，丁丁在学校和家里都受到了惩罚，渐渐失去信心，再也不想有好的表现了，于是整天我行我素，毫不在乎，一副任何批评表扬都无关紧要的样子。朋友非常着急，最后要求与老师面谈，共同探讨教子的方法。朋友问老师丁丁的坏行为在他的总体表现中占多大比例，老师说："大约15％。"朋友十分惊讶，因为15％的坏行为和85％的好行为相比起来数字悬殊，坏行为却得到了更多的注意和张扬，正是这15％的坏行为给孩子留下了一个坏名声，使孩子对自己丧失了信心。

这个例子是带有普遍性的。我们常常为了孩子在某些方面的不足，穷追猛打，期望他改头换面。缺乏表扬和赏识的结果往往使孩子更自暴自弃。

美国精神病专家惊异地发现，至少有50％的病人，精神崩溃的原因是由于在现实生活中得不到赏识。那些平时沉默寡言的人，一旦精神崩溃，就喜欢站在街头当众演讲，口若悬河，滔滔不绝。平时胆小如鼠的人一旦精神失常，就胆大妄为，有的甚至站在马路中央指挥交通。

对孩子的赏识其实很简单，一句真诚的赞美，一个竖起的大拇指，一个拥抱，都能使他们得到满足。孩子在表现好的时候需要得到表扬，在做错事的时候更需要得到表扬，只不过这个表扬和委婉的批评是结合在一起的。

教育家陶行知在育才学校当校长时，有一天看到一个学生用泥块砸自己的同学，当即喝止他，并令他放学后到校长室里去。放学后，陶行知来到校长室，这个学生已经等在门口了。一见面，陶行知掏出一块糖送给他，并说："这是奖给你的，因为你按时来到了这里，而我却迟到了。"学生惊异地接过糖。随之，陶行知又掏出一块糖放到他手里，说："这块糖也是奖给你的，因为我不让你打人

时你立即住手了,这说明你很尊重我,我应该奖给你。"那个学生更惊异了。陶行知又掏出第三块糖塞到他手里,说:"我调查过了,你用泥块砸那个男生,是因为他不守游戏规则,欺负女生。你砸他,说明你很正直善良,有正义感,应该奖励你啊!"那个同学感动极了,他流着泪后悔地说:"陶校长,你打我两下吧!我错了,他毕竟是我的同学啊!"

儿子5岁多以后,突然对钱很有概念了,喜欢攒钱,说是将来读大学。那天,豆豆的表姐杨阳来杭州住了几天后要回家了,我给了她一个红包,儿子看到了,马上把红包抢了去。妻子在一边叫道:"豆豆!"

我为了避免尴尬,也说:"豆豆乖,把红包给姐姐。爸爸还有一个红包是给你的。"豆豆就把红包递给了杨阳姐姐。

事后,我对豆豆说:"今天要表扬你呢,看到爸爸给姐姐红包,你马上抢着亲自送过去。"豆豆显然认识到了自己的错误,有些难为情,说:"我还做了一个动作,就是塞,硬塞给她。""是的。豆豆很有礼貌,又很大方。这样别人都会喜欢你的。"

现代心理学研究表明,无论什么人,受激励而改过,很容易;受责骂而改过,却不太容易。希望所有的家长在孩子表现好的时候,要大大地表扬他;在孩子表现不好的时候,也要找出优点表扬他。

52 和孩子一起飞——海南之行

豆豆在小区公园里玩的时候,经常有飞机从头顶掠过。于是,他就会问一些关于飞机的问题:"飞机飞的时候翅膀怎么不像鸟一样动?""飞机里面的人要上厕所怎么办?"问到后面,总要问一句:"爸爸什么时候带我坐飞机?"

豆豆上中班的寒假,我决定圆一回他坐飞机的梦。毕竟,任何方式的讲述都不能替代孩子亲身的体验。让孩子学会游泳的唯一方法就是让他下水,让孩子了解飞机的最好方法是和他坐一次飞机。

经过策划,我和朋友两户人家,四个大人两个小孩一起去三亚度假。到机场后,豆豆兴奋无比,候机厅、机场,还有正在起落的飞机都令他好奇。上飞机后,他对飞机上的座椅、安全带、小餐桌、窗户上的遮阳板、厕所都兴趣十足,一会儿玩安全带,一会儿把小餐桌翻上翻下。

我让他靠窗坐,可以看到脚底下连绵起伏的群山,还有远处像雪山一样波涛滚滚的白云。

当听说飞机上有饭吃后,豆豆又对飞机上的快餐异常期待。当空姐推着餐车走过来的时候,他高兴地大叫:"饭、饭、饭,哦勒哦勒哦勒。"拿到饭后,豆豆信誓旦旦地要和妈妈比赛,看谁先吃完,但最后看到妈妈吃了一半收起来后,马上也收起来不吃了。

飞机在厦门经停,到海南已是晚上7点多了,小家伙的兴奋劲也没了。

当飞机降落到三亚机场的时候,我们已是一副炎夏的装扮了。

因为我们是自助行,没有跟旅游团,所以早上睡了个大懒觉。9点多钟起床后,我们穿过三亚河,到河西坐出租车去天涯海角。

海南的出租车真的很少,空车更少,等了20多分钟后,只得拦了一辆摩的。我们沿着海湾,一边看着风景一边往天涯海角开过去。这种车倒也挺好,能看

风景,也不会晕车,还凉快。

凌晨的时候下了一阵暴雨,到景区的时候却阳光刺眼。两个小朋友马上吃起了雪糕。他们最感兴趣的除了雪糕,就是海滩。每人拿一个矿泉水瓶,不停地往瓶里装沙子和海水,倒出来,再装进去,乐此不疲。海水舔湿了小屁股也全然不顾。两个小朋友的老爸充当随行摄影师,不停地按着照相机的快门。

天涯海角真是游人如织,很多小朋友在海水里游泳,也有小朋友脱得一丝不挂在沙滩上晒太阳。豆豆见有人爬椰子树拍照片,也一定要拍爬树的照片,可怜那一株被爬得光溜溜的椰子树。

休息的时候,我们每人买了一个椰子,喝新鲜的椰汁,豆豆说不太好喝,原以为像椰奶一样甘甜,哪知道不太甜。

海南第三天,又睡到了早上9点。一切处理好后去大东海边沙滩上玩的时候已经是下午。大东海边,阳光明媚,海水温暖,沙白如银。

豆豆和小弟弟每人拿一套沙滩工具在沙滩上筑城堡。这是他最喜欢的游戏。我建议他先筑城墙,以抵挡海水的进攻,并且帮他一起筑。但他显然和我的想法不一样,只是喜欢挖坑,再在里面随便刨一刨,美其名曰"修马路"。

在我要求和他一起筑城墙时,他则用小桶装上沙子,再装上水,倒在我们的城墙上。这时旁边一个小妹妹也加入了豆豆的队伍,帮他打水,装沙。他们的配合更默契,豆豆想要水,她就去打水倒进他的小桶里,豆豆想要沙子,她就给他装沙。

由于城墙太低,我们的城堡屡次被海水攻破,海水都涌进了城里。好在城里还没有"居民。"

这时小弟弟在他爸爸的带领下,下海游泳了。豆豆也拿着救生圈玩,只不过他不敢下水,只是坐在救生圈上,两只脚在海浪涌上来的时候才浸到水。

我说:"豆豆,来,爸爸保护你,走到水深一点的地方。"他死活也不肯,只敢坐在沙滩上看潮起潮落。

晚上去小鱼田园温泉,两个小家伙一开始兴致勃勃。结果进到温泉池后,豆豆死活也不肯泡到池子里去。说是因为看不到池底,害怕。最终也只是泡了一下脚。小弟弟更绝,干脆就在睡觉,水都没碰到。

第四天,我们去呀诺达热带雨林。

"呀诺达"是海南语,听说是"一二三"的意思,也有"欢迎、你好"的意思。坐上景区的电瓶车后,天马上开始下起了阵雨。这让我们真正体验了雨林气候,雨林的宣传非常好，很多珍稀植物，什么老藤结果，炮杖树等，似乎并没有看到。

坐了十多分钟电瓶车后，我们开始沿木栈道穿越雨林。沿途有溪瀑相伴，有很多闻所未闻的热带植物，如重阳木、桃榔树、南酸枣、火筒树等，还有各种藤本植物，如过江龙等。因为天气不好，再加上林木茂密，很多路段光线很暗。豆豆拉着豆妈的手，一边认着路边植物，一边缓慢地攀登。一株豆穗鱼尾葵吸引了我们的注意，一串串的果实就像一串串念珠。两个小朋友每人都摘了一串，玩起来。一个年轻的导游看到了叫道："NO! 快放下，这东西有毒，手会痒的。"吓得两个小朋友赶紧把它丢掉了，豆豆立马觉得手痒了起来。哈哈，其实是心理作用。

雨很快停了，我们也爬到了休息区。整个热带雨林我们大概走了三分之一，也花了两个多小时。休息区边的风景极好，有难得一见的大片槟榔林，还有高山水池，以及盛开的三角梅，还有人在跳竹竿舞。两个小朋友一路爬上山，已经很累了，我们就此下山了。

这次在海南玩了五天。要回家的时候，豆豆还乐不思蜀，不想回家。问他最喜欢海南的地方是什么？他回答说还是那片沙滩。

旅游和度假对于大人和孩子来说，都是学习和成长，既能够增长知识，更能够陶冶情操。

53 品 三 国

　　不知从什么时候开始,豆豆开始对《三国演义》感兴趣,或许是因为幼儿园里老师给他们讲过三国里的故事,或许是因为他学唱了《说唱脸谱》这首歌,或许是因为我床头的那本《三国演义》。

　　最初,他看到我那本大部头的《三国演义》,对封面上"三英战吕布"的插图非常感兴趣,问插图上四个人的名字、兵器、背景故事。这样反复多次后,我说:"我读《三国演义》给你听吧。"他欣然同意。

　　最初我读的是原版著作,他当然听不懂,我就解释给他听,把里面的故事尽可能地翻译给他听,他也提出千奇百怪的问题,我讲起来和他听起来都很吃力。

　　有一次去图书市场买书,豆豆发现了一本儿童绘图版的《三国演义》,他如获至宝,买回家后每天看,睡觉前的亲子阅读也都让我们念一两集。渐渐地,三国里的人物、故事,他逐渐清晰起来。魏、蜀、吴三国情况大致了解,五虎上将、五子良将、经典故事情节也都知道了。

　　于是,他又不断地提出新的问题来,最初喜欢问的问题包括每个人字什么?后来又喜欢问每个人是怎么死的? 有些问题比较专业,比如,孟获为什么不是五虎上将? 孔明为什么不会骑马还能打胜仗? 周瑜为什么总是喜欢推荐人才? 有些问题提出来让人啼笑皆非,让人笑破肚皮。比如,他和豆妈经常在家里玩打架哈痒的游戏,就问:"为什么三国里的人打仗不哈痒?"

　　看了《三国演义》后,豆豆与人聊天也会聊三国,问小朋友看不看三国,知道不知道里面的人物故事。他还对我说,想再买一本《三国演义》带到幼儿园里,让老师吃完午饭后给大家念。有时候也会作一些相关的评论。有一天,他对豆妈说:"我觉得三国里的人名都取得很帅,像马超、赵云、张飞、关羽。我以后生个儿子就叫刘关张,代表我的儿子有刘关张三个人加起来那样厉害。"

春节，我只身从老家回来，儿子兴冲冲地拿出新买的另一个版本的《三国演义》，并向我介绍两本《三国演义》的不同之处。他那兴奋的神情让我倍感自豪。

《三国演义》的阅读给儿子带来的好处是显而易见的。

首先，半年来的阅读，使他的识字量有了很大增加，书中主要人物的名字都能认识，也能囫囵吞枣地默读。当然在阅读的过程中，我也认识了一些生僻字。

其次，是对《三国演义》的人物和情节比较了解，有了很多与人交流的话题。平常我们只是给豆豆看三国的书，有一天豆妈不在家，我就打开电脑，让豆豆看了一集新版《三国》电视连续剧。他随机点了一集，我也在一旁陪他观看。但剧情中的人物刑道荣我不熟悉，一时也搞不清楚这是哪一集的情节。我就问豆豆，这是哪一集里的故事呢？他回答，可能是《战长沙》这一集，随着剧情的发展，我发现，果然是《战长沙》这一集里的情节，讲的是张飞攻取霖陵的事。看来，豆豆确实从中学到了不少东西。

再次，是对文字的对仗有了一定的理解。读《三国演义》时，他对改编的少儿版《三国演义》的标题很感兴趣，经常只读标题，一集集地读下去。有一次他画了几幅画，其中一集是"打猎去了"，我问为什么不写"出猎"。他说那不行，每集都是四个字，第一集是"招兵买马"，第二集是"操练兵马"，第三集当然只能叫"打猎去了"，第四集是"打到兔子"，第五集是"烧菜煮饭"，第六集是"饱餐一顿"。

儿子读了三国后，能模仿着画连环画，我也模仿着写了一首《品三国》的诗。

> 曹操是好人还是坏人
> 孙权是哪一年出生
> 我在三国里是张辽还是赵云
>
> 骑上三轮车当成战马
> 手拿衣叉当成长枪
> 吼吼哈哈冲锋陷阵
>
> 知道了五虎上将气吞如虎
> 知道了关羽死后归神
> 知道了诸葛孔明是智慧的化身
>
> 有些问题始终搞不清
> 为什么他们打仗时不挠痒痒
> 为什么他们打仗前总喜欢骂人

54 医院旁边的流浪者

这几天,豆豆的鼻子老是不通气,放学回来还咳嗽。晚上我和豆妈带他去医院配感冒药。夜门诊的人还真不少,而且速度很慢。我们前面还有三十多人在排队,我就带着他走出医院,在街上溜达。

街角的地方传来一阵二胡的声音,我们走过去一看,一位老者坐在石头上拉着《二泉映月》。路灯的光线很亮,但他的面部很呆板,拉二胡的神情很专注,对过往的行人视而不见。他是一个盲人。

豆豆被他的二胡声吸引,问我声音是从哪里来的?显然老人二胡拉得非常好,二胡小小的共鸣箱里发出的声音饱满洪亮,非常有穿透力,让豆豆怀疑是录音机里播放的。

我让豆豆给老人几个硬币,并告诉儿子,他是一个盲人,看不见东西,很可怜的。豆豆捏着硬币,蹲下身子,轻轻地把硬币放进老人敞开的装二胡的包里,没有一点声音,丝毫没影响老人拉二胡。儿子显然是第一次看到和听说盲人。他听我说老人看不见,就凑过去看看老人的眼睛,告诉我:"他的眼睛是睁开的。"我告诉儿子:"眼睛睁开不等于能看到,眼睛里面的结构很复杂,有一个地方出了问题就会看不见东西的。"

走了四五步,我们又看到一位老者半躺着睡在屋檐下的石阶上。一床破棉被盖着他一半的身子,旁边放着一个碗。老人年龄非常大,应该有七八十岁,似乎是睡着了,豆豆又问我要了个硬币送给了他。同样,他没有像成人一样,站在远处远远地把零钱丢到碗里,而是再次弯下腰,轻轻地把硬币放进了碗里。

再往前走几步,又一位老人坐在人行道上写粉笔字。我低下头仔细一看,着实吓了一跳:那一行行工整的粉笔字是我看到过的最好的粉笔字!间架结构、笔锋笔法都堪称上品,比我那些昔日教师同行中任何一个都毫不逊色。看来老人已经写了很久了,字从他的面前一直延伸到前方七八米处,远处的字已被路人踩得只留下淡淡的痕迹了,只是近处的字还清晰可见,写着一些五言七言古诗。最后一首是"床前明月光,疑是地上霜。举头望明月,低头思故乡"。

老人看起来也有七十来岁了,一把雪白的胡子,脸上看不出有落魄和潦倒的神情,一个装钱的瓷碗放在身边。显然他对行色匆匆的行人中有人能驻足欣赏他的字也感到很高兴。老者很爽快地和我聊起来,告诉我他刚刚从山东到杭州来,以前当过老师,只是老家的日子不太好过才出来,家里还有儿孙。他一口地道的普通话,丝毫没有一点乡音。

我是一个不会拉家常的人,也不是一个社会学工作者,由于时间关系,没有和他深入交谈,就和儿子一起回到了医院。但街上的那些流浪者在我心中挥之不去。

面对街上众多的流浪者,或许我教育儿子要同情弱者,要施以爱心,但儿子却教育我,要真正在内心深处与他们保持平等。

这又何尝容易!

55 抓螃蟹

老家屋后有一条小河,河水清亮亮的,河滩上布满了鹅卵石,浅滩处水刚漫过膝盖。小河里小鱼小虾和螃蟹非常多。成群的白鹅和灰鸭在小河里悠闲地游来游去。

睡过午觉,太阳已经偏西了,我和豆豆拎着水桶去小河里抓螃蟹。

走过小石桥,我们来到河滩浅水处。看见清清的河水,豆豆非常高兴,马上卷起裤管走进水里,感受河水的清凉。

我搬开水中的石块,很快就抓住了两只螃蟹,豆豆非常高兴。

他问:"爸爸,哪里有螃蟹,我怎么没有看到?"

"螃蟹现在都躲在水中的石块下面,一抓一个准呢。"我让他跟在我后面,看我怎么抓。我搬开一块砖头大小的鹅卵石,一只螃蟹从里面逃了出来。

"有螃蟹! 有螃蟹!"豆豆叫起来。

我眼疾手快,一把抓住它的后背,让它的大钳子不能发挥用场。我让豆豆捏住它的两只大钳子后,把它送到岸边的水桶里。豆豆高兴极了,叫道:"我抓住一只螃蟹了!"

就在他送螃蟹到水桶里的工夫,我又抓住了一只螃蟹,这是一只雌蟹,肚脐张开,里面挤满了豆子般大小的小蟹。那只母蟹无奈地看着我们,嘴巴吐着白色的泡沫。小家伙们还不知道发生了什么事,相互挤来挤去。看看这么多小生灵挺可怜的,我们就把它们放回了河中。

在一块更大的鹅卵石下面,我发现了大河虾。这是比螃蟹更好抓,更美味的东西。抓河虾可得非常有技巧,不能像抓螃蟹那样一下把石块搬开伸手去捉,那样它们会趁水浑浊的时候很快逃之天天。抓河虾时,两只手都要伸到鹅卵石下面,一只手不动,另一只手包抄过来,这样它们就会乖乖退缩到守株待兔的那只手里。

小河里的河虾，个大健美，身体呈黑色。时间不长，我们已经抓到了 20 多只虾和蟹，豆豆看着小桶里的虾兵蟹将，高兴地用草去拨弄它们，希望它们能上演一场精彩的战斗。但它们或许知道自己身处险境，都以静制动。螃蟹只是在被豆豆逼急的时候才举起两只大螯来示威。

抓完了螃蟹，我们又在河滩上捡漂亮的鹅卵石。我们各自都捡了很多，豆豆还捡到一块很像猪肉的石块。

太阳下山了，有炊烟袅袅升起，我们也恋恋不舍地回家了。

鲁迅先生的名篇《从百草园到三味书屋》，描述了两个迥然不同的世界——上学前的百草园是儿童的天堂，而读书的私塾三味书屋是禁锢儿童的鸟笼。因为百草园有碧绿的菜畦、高大的皂荚树，有油蛉低唱、蟋蟀弹琴，还有神奇的故事，无穷的乐趣。孩子们在那里无拘无束，可以充分发挥他们天真好奇、乐于探究的天性，可以增进他们丰富的想象力和创造性。鲁迅先生的这篇散文生动地讲出了儿童对大自然的向往以及大自然给儿童带来的快乐。

赶紧趁孩子还没上小学前，多带他们到大自然里爬爬山，撒撒野，采采野果子吧！

56 招潮蟹之死

我们从童玩节买回来两只寄居蟹和一只招潮蟹。它们成了豆豆的新玩物。豆豆有空的时候就去看看它们,看它们在盒子里爬来爬去,或者给它们喂点吃的。每当有客人来我们家,豆豆总是第一个向别人介绍:"我们家里养了梭子蟹!"

我马上纠正:"是招潮蟹。"

有了这三个小东西,我们也多了许多乐趣。吃饭的时候有时候给它们喂几粒米饭,吃水果时给它们喂点西瓜皮,但很难看到它们吃。尤其是那只大的寄居蟹,基本上一动不动,总是找个干燥的高处趴在那里,像一位入定的老和尚;那只小的寄居蟹则像一个顽皮的孩子,喜欢探险,到处爬来爬去。

有一天早上起来,豆豆叫:"爸爸,你快来看!"

走过去一瞧,原来小寄居蟹爬到盒子里那棵椰子树顶上待了一个晚上。还有一次,豆豆发现它用一只脚钩住盒盖顶部的一个小孔,在练"倒挂金钩"。它也不怎么怕生,我们把它放在手掌上,它就在手掌上东张西望,东游西逛,有趣得很。

有了这些小生灵,豆豆也长了很多知识,不仅知道了它们的名字,知道了它们的生活习性,还提了很多问题。为什么寄居蟹要住在海螺里?为什么寄居蟹的颜色和海螺的颜色一样?为什么招潮蟹一个钳子特别大?为什么盒子里有棵椰子树?

有了这些问题,我也得去查查资料,了解一些相关知识。涨潮时,招潮蟹挥舞着大螯,好像在召唤潮水快涨,因此得名"招潮蟹"。而且它还是小小观潮家,体色一日八变,颜色与太阳出没及潮汐涨落密切相关。夜间蟹身为黄色,黎明日出时,颜色又渐渐变深;白天低潮时,是它一天中最活跃的时刻,也是它体色达到最深的时刻。

　　不过我们养的这只招潮蟹颜色似乎并没有改变,它的右螯特别大,几乎占整个身体重量的一半,呈珊瑚红,特别漂亮,看来是一只雄蟹,雌蟹的两只螯差不多大。

　　我们还找出招潮蟹的视频观看,发现它喜欢在海边沙地上挖洞,那只大螯用来自卫,小螯则不停地往嘴里送吃的。

　　有一次,我想把这只招潮蟹抓起来放在手掌上观察一下,不想被它的大螯给夹住了,痛得我哇哇大叫。看来它的大螯还真不是"吃素"的!

　　由于空间狭小,喂养方法不当,三只蟹先后死掉了。豆豆很伤心,问我:"爸爸,为什么会死呢?"

　　我说:"可能这里不是它们真正的家。"

　　"大海才是它们的家吗?"

　　"是的。"我回答。

　　"那我们是不是不应该把它们抓回来?我不想它们死。"

　　"是啊。如果它们没有离开大海,应该会生活得自由自在。我们喜欢它们,想和它们做朋友,但是它们并不一定愿意,一相情愿的话就会造成对它们的伤害。"

　　生活中,这样的事例还少吗?父母通常以爱的名义教育孩子该干什么,不该干什么。此时家长是否考虑过,孩子喜欢这样吗?这样对孩子会造成伤害吗?他们真的是为孩子好吗?恐怕更多的原因是为自己的面子和虚荣罢了。我们听一听来自孩子的声音吧。

来自孩子的心声①

1. 不要宠我,我很清楚我不应该得到我所要的一切,我只是在考验你们。
2. 不要对我提出过高的期望。
3. 不要总是拿我和别人比,别人有别人的优点,我有我的长处。
4. 不要让我感觉我的错误就是犯罪,那会颠覆我的价值观。
5. 不要袒护我,让我承担后果吧,我需要从挫折中学习成长。
6. 不要唠唠叨叨,如果你们那样做,我就会假装耳聋来保护自己。
7. 不要告诉我,我的恐惧是愚蠢的,它们非常真实,你们该努力去理解。

---

① 周立群.致父母的备忘录　听听孩子的心声[J].小读者,2004(8).有改动.

8. 给我犯错误的机会，让我在走弯路时被碰得鼻青脸肿吧。

9. 不要窥探我的隐私，我的日记、我的朋友、我的假期，我选择我做主。

10. 不要支配我的所有的时间。

11. 不要认为你们的决定永远正确。

12. 不要老当我们是长不大的孩子。每当我们想飞翔的时候，你们就锁住我们的翅膀；每当我们想远航的时候，你们就捆住我们手中的桨，这也不许干，那也不准碰。"外面世界好危险，快到爸妈的怀里来"，可你们却忘了，外面的世界再怎么复杂，却仍需我们去面对，去闯荡。

57 赶 海

　　儿子对大海是很向往的,他看过的好几本书上都提到大海和沙滩,但一直没去过。那一次在运河边喝茶,他看到了驳船在运河里行驶,说:"妈妈快看,大海里有轮船!"顿时大家都乐了。

　　小班刚放暑假,我们就到朱家尖看海。朱家尖有两个沙滩:东沙和南沙。东沙尚未开发,人非常少,水很清,沙很细,真是一个绝佳的场所。我们把鞋子脱掉走在海边,任海浪吻着脚丫,感觉凉凉的,真舒服啊。看着海浪带着白色的泡沫一个又一个推过来,豆豆说:"啤酒来了!"

　　我叫豆豆用手指蘸点水尝一尝是什么味道,他果然用手指蘸了点海水放进嘴里,马上做出鬼脸,拼命地往外吐,喊道:"咸死了! 咸死了!"

　　我教豆豆在海浪退下去的时候抓海瓜子。小小的海瓜子五颜六色,在海水退下去把沙子带走的时候,海瓜子便从沙子里露了出来,但它会很快地又钻到了沙子里,瞬间便不见踪影,或者下一波浪打上来,它也就无影无踪。所以抓海瓜子一定要眼疾手快,等一波海浪刚刚退下去的时候马上动手把它捡起来。

　　我从小生活在山区,成年之后才见到大海,也很少有赶海的经历,捡海瓜子是头一次,感觉挺好玩。豆豆也非常喜欢这个活动,但显然又不适应,一开始他在海浪退下去的时候发现不了海瓜子,等我们指给他看,他准备去抓的时候,海瓜子马上又无影无踪了。经过一段时间的练习,他逐渐学会了,偶尔能抓到一两个。

海浪一波一波地涌上来,眼睛盯着退潮的波浪,非常容易头晕,豆豆好几次差点一屁股坐进了海水里,幸亏我及时把他扶住。

我们把抓到的海瓜子放在矿泉水瓶子里,不多久就抓了小半瓶。豆豆拿着我们的战利品,向伙伴炫耀:"我们这么多! 你们那么少!"

下午,我们到了南沙的海滩,人特别多。豆豆不敢下水游泳,我们就踩了一辆水车,驶到大海中间,水车在海里随着波浪起伏,非常惬意。

回到宾馆里,豆妈问豆豆:"大海是怎么样的?"豆豆说:"大海是一跳一跳的。"

我问:"大海像什么?"豆豆说:"大海像啤酒。"

儿童的视角和成人真的不一样。

在成人眼里,大海给人的印象往往是博大、神秘,成人喜欢大海,是因为大海给人以舒适的感官刺激和平静平和的心态。由此,而产生更多的哲理性的联想,如海纳百川,有容乃大;海能成其大,是因为它能放低自己的姿态。

普希金《致大海》的诗句更堪称经典:

> 你碧蓝的波浪在我面前,
> 最后一次地翻腾起伏,
> 你的高傲的美闪闪耀眼。
>
> 像是友人哀伤的抱怨,
> 像是他分手时的声声召唤,
> 你忧郁的喧响,你的急呼,
> 最后一次在我耳边回旋。
>
> 我的心灵所向往的地方!
> 多少次在你的岸边漫步,
> 我独自静静地沉思,彷徨,
> 为夙愿难偿而满怀愁苦!

孩子眼里的大海是现实的、具体的:很咸,一跳一跳的。因为海浪像啤酒的泡沫,所以大海就像啤酒;因为大海里有贝壳,所以大海很美丽;因为大海里有轮船,所以很宽广。

所以孩子的世界更单纯、更快乐,他们更会活在当下,更知道舍与得。

58 食神铜奖——完成儿子布置的任务

在孩子成长的过程中，家长总是给孩子布置很多任务，比如写一篇日记，做几道应用题，等等。如果是更小的孩子，家长会叫他唱好一首歌，学会轮滑，或者乖乖把一碗饭吃完。

家长在给孩子这些任务时，总是希望孩子能不折不扣地完成，能看到满意的结果。

但是家长有没有想过去努力完成孩子提出的要求，给孩子一个满意的答案呢？比如，孩子要求爸爸去幼儿园当家长助教，或者陪他们玩足球，或者捉迷藏。通常，对于孩子简单的要求，诸如买个礼物，或者外出游玩，家长大都能满足，而对于需要家长花时间和精力的要求，家长通常会搪塞，而往往这样的任务最能给孩子以帮助和教育。

对于豆豆交给我的合理的任务，我总是尽可能地去完成。豆豆中班时，我就和他一起参加了幼儿园举办的食神大赛，赢回了铜奖——鼓励奖。

那一次，老师在班里调查谁的爸爸会烧菜，很少同学举手，但儿子的手举得很高，很坚决。看来我在儿子心目中的形象还不错，虽然家里只是偶尔烧一次饭，还是能得到他的认可。

于是，豆豆布置给我一个任务："老师叫你在家里烧一个有特色的菜，拍成照片，再传给学校，学校要比赛的。"

这也简单，在家里烧个菜不是太难的事，照片看不出真实水平来，好不好吃不重要，只要不太难看就行。在岳母的配合与指点下，我烧了个目鱼卷，配料是青椒。这也是第一次烧，自己尝了尝，感觉味道还不错。重要的是，我把青椒和红椒摆在盘子四周状如鲜花，目鱼卷放在中间如同花蕊，照片效果还不错。最后经过儿子品尝和鉴定，得到了他给的高分。

我以为这事就此结束,没想到过了一个星期,儿子再带回来圣旨,周三学校烹饪总决赛,我作为班里唯一的选手进入了决赛。

天!我似乎有一种上当的感觉。平时都不烧饭的人去参加食神大赛,那不是出丑嘛。但看到众人的期盼,我也只有勉为其难了。

这回动真格了,我当然需要准备一下。上网查了下目鱼卷的烧法,内容不多,但还是很有启发。主要原料除了目鱼卷和青椒,我还配了蒜段,加了点大蒜泥,这样香味扑鼻。

为了有更好的视觉效果,我和豆豆到超市去买了个好看的菜盘,再到花店里去买了几朵洋兰,准备装饰用。

第二天,我在家里准备好原料,花了10多分钟,用花刀把目鱼切好,装到碗里,再把青椒用剪刀剪成树叶的形状,每只青椒只用4片。蒜段只用很嫩很小的,而且是靠近根部的一小段。一切准备就绪后,我和儿子一起来到公园里的比赛场地。

比赛场面还真不小,除了有喷绘大背景,还准备了舞蹈表演,请来了电视台记者,七八位评委也都端坐在那里了。公园里摆满了凳子,坐满了人,比赛用的电炒锅一字排开。听说家长烹饪时,还需要孩子拉票,得到的乒乓球的个数就代表票数。

比赛开始,老师叫豆豆和我站在一起。豆豆举着上次传到学校的"春天目鱼花"的宣传板,我简单介绍了一下菜名,然后儿子给我加油拉票:"请给我们投一票!"

电视台的记者这时走上来采访,问我:"平时在家里经常烧菜吗?"

我回答:"有时间就会烧。"

记者又问:"准备今天的菜用了多少时间?"

我回答:"如果连昨天去买盘子也算上,应该说有两天了;如果把我学习烧这个菜的时间也算上,那应该有一个星期了。"

第一环节过后,就摆开战场,开始实战。第一场6位选手,6个电磁锅。电磁锅我没烧过,还真掌握不好火候。不过,我尽量多倒些油,把油锅烧旺,这样目鱼卷吃起来才会嫩。当我把

一盘目鱼卷倒入油锅后，一股香味伴着油烟马上升腾起来，这时摄像机、照相机都围了过来，不过我可没空答理它们。拌炒了半分钟后，我就把目鱼卷捞起来。然后把配料烧好，再重新倒入目鱼卷，加上调味品，装盘后放上两朵洋兰，一盘色香味俱全的"春天目鱼花"就完成了。众多的照相机和摄像机都围了过来。

幼儿园的老师马上把我的菜拿了过去，儿子要尝一下也没有得到允许，他们很快把一盘菜分成了一小块一小块装到杯子里送给评委品尝。可惜了我那精心设计的视觉效果就这样完了。

我只好把盘子里剩下的一点目鱼给豆豆尝，问他味道好不好，他说好极了。

因为单位里只请了两个小时假，评比结果还没出来，我就和老师请假先回单位了。没想到这引来了儿子的一场大哭，在随后的拉票、领奖的环节，都没有人陪他。他还把用来计票的杯子给打破了，别人也无法给我们投票了。这不能不说是一个遗憾，也是一大失误，让4岁的儿子有孤身奋战的感觉。

不过下班后我回到家里，儿子并没有提起哭的事，还是很高兴地拿出一本荣誉证书、一个奖牌（食神铜奖）给我看。

看来，这个结果他还是非常满意的。我让他抱着证书，挂着奖牌，拍了张照片，以示纪念。

完成孩子布置的任务，当然也不能缺少孩子的参与。因为任务与他有关，所以他的主动性和积极性往往更强。在食神比赛的过程中，我都有意让豆豆参与整个过程，从设计菜谱、菜名，到准备材料，让他品尝，再到共同参与比赛，共同登台，我烧菜，他拉票。在这个过程中，他的态度始终是积极和主动的，有一种主人翁的责任感，还有一种自豪感。

当然，孩子主动给家长布置任务的情况比较少，如果哪一天，孩子能经常给家长布置需要共同完成的任务，那孩子的能力将是无与伦比的。

59 家庭足球赛

"下雨！下雨！总是下雨！"豆豆嘟囔着。

"是的，再这样下去身上都要长毛了。"我说。

不能到户外去运动，我们就在家里做运动。

我们先来准备运动器材——纸足球。我让豆豆找来透明胶带，再拿来几张报纸。我们把报纸团成饭碗大小的一个纸球，再用透明胶带绑好，使报纸球不至于松散开来。这样，一个简单有效的纸足球就做好了。它的好处是踢起来轻松方便，更重要的是不会对家里的物品造成破坏。

纸足球做好后，我们在客厅里先试了试效果。我在过道上朝卧室开了个大脚，球准确地射进了房门！效果不错。豆豆跑过去捡起足球，朝客厅踢过来，球落在茶几上，一只水杯晃了晃脑袋，一头栽了下来，还好没有摔碎。

我们议定游戏方法。我提议卧室的门当球门，一个攻一个守，每人进攻10次后交换。

豆豆建议，守门员站在卧室门口，守门员的胯作为球门。他的胯那么小，当然他占便宜了！好在我自信我的脚法，于是我同意了这个规则。

第一轮他攻门我守门。他站在离我3米远的距离，一脚踢了过来，球撞到墙上了。再踢，球又碰到我的脚弹了回去。"臭脚！"我大叫。这次他捡起球，把射球点放到离我球门不到2米的地方，我叫起来："太近了！往后移一点！"

我话还没讲完，他就一脚踢了过来。"球进了！耶！"他竖起食指和中指。

第一次射门，他踢了个3：7，进球3个。

轮到我攻门了，我一个地滚球，球滚了弧线，进了隔壁的房间。

豆豆说："臭！"

我揶揄道："哦，搞错球门了。"

捡起球后来个大脚，球飞起后直接落进了卧室门边的垃圾桶里。豆豆笑着大叫："哈哈！臭脚！"

"不对！是臭球！掉进了垃圾桶当然有些臭了。"

第三次我调整好位置，气沉丹田，一脚踢过去，纸球一个直线从他的裤裆下穿了过去。经过几次有争议的球之后，我的第一轮也踢完了，3：7，与他打了平手。

接下来的几个回合也是互有胜负，两个人都有点气喘吁吁了。

我说："今天的家庭足球赛，缺少个裁判。"

"是的，下次叫豆妈给我们当裁判。"

这样好，来个全家总动员。

一般说来，室内的体育运动缺少趣味性，孩子不太喜欢。但这个家庭足球赛简便易行，既能锻炼身体，又不乏趣味性，很受豆豆的欢迎。

后来，我到上海出差，买回来一个毛绒足球，它既有足球的外形，又更柔软，更安全。这给我们的家庭足球赛带来了更多的欢乐。

60 爬半山

半山,离家十几分钟车程。那里除了有山野乐趣外,还有厚重的皋亭文化积淀。据了解,皋亭文化的起始年代应为新石器时代末期,距今已有4000多年历史。皋亭文化的内涵丰富,蕴涵着良渚文化、运河文化、吴越文化、南宋文化、宗教文化、山水文化等。1990年,考古学家从半山战国大墓中出土了国家一级文物"水晶杯",由此可见一斑。

去年,半山脚下的半山公园改建一新,有四区十二景点。四区即健身休闲区、半山文化展示区、民俗休闲区和山林野趣区;十二景点即花溪廊桥、桃花伴雨、桑秧会、海棠花坞、幽谷漫步、怡然自乐、云锦亭、踏古寻梅、雨花听泉、半山晓日、丹心台、西峰秀色。

趁双休日天暖气清,我带着儿子逛逛公园,爬爬山,让他从小接受一下自然与人文的双重熏陶,不失为上佳选择。

入得公园,沿着石阶而上,一会儿是清流激湍,亭台水榭相映成趣;一会儿是半山风俗介绍,碑文与雕塑相得益彰;一会儿是儿童游玩区,儿童嬉戏的雕像和大型的儿童玩具相互补充。看来,改建后的半山公园确实体现了"园在林中,林在园中"的特点。

我拉着儿子,沿着新铺好的石阶,慢慢往山顶爬。暮春时节,漫山遍野开满一种白色的很像丁香的野花,因为多,很有战斗力。一阵风吹来,香味扑鼻而来,不得不对它再驻足观赏一阵。一边走,我一边给豆豆讲从网上查到的故事:

半山,以前叫皋亭山。北宋末年,金兵入侵,金兀术得知宋朝小康王赵构逃到江南,亲自带兵紧紧追赶。三月初三这天,正是清明,小康王单人单骑逃到这里,又饥又乏,无处藏身,被一个身背桑篮,在桑林中采桑叶的姑娘相救,逃过了追杀。小康王认为这位姑娘保驾有功,说等他做皇帝后封她为贵妃。谁知小康

王在杭州做了皇帝后，早把此事忘得一干二净。这位姑娘受不了别人讥讽，一病身亡。当地人就为她在半山上造了一座娘娘庙，称她为"半山娘娘"。

每讲一个故事，儿子就有很多问题，这次也不例外："什么是金兵？""什么是小康王？""什么叫'保驾有功'？"

爬上半山腰，有一个名为"观景亭"的三层凉亭，沿着旋转楼梯登上楼顶，公园全景和山下的街道、河流尽收眼底。爬山的人大多往山下走，儿子显然也有些累了，我们决定就此下山。下到山脚，我们看到公园里的大型攀爬玩具，儿子又来精神了，一定要玩上面的滑梯和旋转梯。我则拿着照相机，拍摄他玩乐时的兴奋表情。

随后，我们来到介绍半山习俗的雕塑前。看到有一个"立夏称人"的雕塑。豆豆坐在了称钩下面，体验了一回古代称重的方法。旁边石壁上还刻有大量有关半山的诗文，我挑了首清朝王嗣魁的《半山》念给他听：

> 女儿家住半山头，日对门前溪水流。
> 忽见桃花溪口落，无心更上半山楼。

天色暗了下来，我们一边念着绕口令，一边回家了：

> 三月三，去登山。
> 上山又下山，下山又上山。
> 登了三次山，跑了三里三。
> 出了一身汗，湿了三件衫。
> 小三山上大声喊："离天只有三尺三！"

61 走运河，迎新年

2009 年最后一天，单位里举行"走运河，迎新年"活动。出发地是单位仓基新村，目的地是西湖文化广场，顺便参观那儿的浙江省自然博物馆和科技馆。全程 3 公里左右。

前一次带儿子去参观这两个博物馆，结果人满为患，没能进门。这一次我决定带儿子一起参加我们的活动。

单位定的出发时间为上午 9 点，我和儿子 8 点半就出发了，美其名曰"笨鸟先飞"。3 公里路程，我不知道他能完成多少，希望不要太糟糕。

天气非常好，阳光照在冬日的运河两旁，一切都是那么清新动人，晨练的老人，运河的驳船，还有间或出现的候鸟，都是那么有条不紊。我拿照相机走在前面，儿子捏着根棒棒巧克力饼干走在后面。他一会儿看看路边的小花小草，一会摸摸路边的健身器材，看到我举着相机对准他，他就摆出几个怪怪的 POSE。

有时候我也给他讲讲京杭大运河的知识，讲讲运河边的名胜古迹，介绍经过的一座座桥梁，就这么不紧不慢地走着，居然很快就走到了西湖文化广场。自然博物馆和科技博物馆参观人很少。

在自然博物馆，我们参观了向往已久的恐龙馆。豆豆详细地向我询问各种恐龙化石和模型的名称，说是回去后要讲给他幼儿园中班的同学听。我也叫不上那些名目繁多的恐龙，因为他的提问，我则认真阅读介绍，见识了梁龙、霸王龙、慈母龙的模型。

豆豆取笑我只认识书上的恐龙，看到了反而不认识。这倒真的成了叶公好龙。对于恐龙生活的白垩纪、侏罗纪、三叠纪等年代先后顺序，豆豆比我更清楚，而我总是记不住哪个年代更早。

随后我们又参观了科技馆，进了登月舱和潜水艇去感受上天入地的感觉。

他对模拟登月舱里的解说深信不疑，因为登月失败，最后我们走了出来，出来时还问我："我们登月失败，别人会成功吗？"

参观时间比较短，很多东西我们都没来得及细看，也有很多项目没有体验，我们约定下一次再来。

我想，对于科学的兴趣，对于科学的学习，这远比坐在教室里学习有趣，远比书本阅读有趣。

62 远离电视和网络

在这个信息时代,都市人离开了电脑网络似乎都不知道该干些什么。在单位里每天对着电脑,下班回到在家里,还是上网聊聊天,看看新闻和视频,玩玩游戏,或者查些资料,写些东西。

我的工作、生活亦是如此。

豆豆耳濡目染,很小就学会了在电脑上看碟片,听儿歌,玩游戏,等等。家里有 3 台笔记本电脑,我和夫人每天都拿着电脑去上班,豆豆看到了,说也要拿他那台电脑去幼儿园。

上围棋培训班后,老师发给他一张学围棋的碟片,可以按照教材的范例在电脑中下棋,但因为碟片做得不好,像素太低,围棋和格子都异常得小。几天下来,豆豆就感觉眼睛不舒服,不停地眨眼睛,有时候甚至是挤眼睛。我们看了很是着急,豆豆自己也有些难受。我们去医院给豆豆配了些眼药水,医生要求豆豆离开电脑和电视。

有了医生的"尚方宝剑",我们全家总动员,关掉了电脑,远离了电视。豆豆每天幼儿园里放学回来,只和他玩搭积木游戏,外出散步,看看绘本图书,等等。全家几乎两个月没有打开过电视机。豆豆因为对电脑和电视并没有形成依赖,没有成瘾,所以离得很彻底。他眨眼睛的毛病,一个月以后就好了。

有人统计,一个大学生获得一个学士学位用的时间是 5000 小时,电脑专家成才的需时是 10000 小时,熟练掌握 3 门外语的时间大约也是这个数字。步行环世界旅行一周并记下 300 万字的游记也仅仅需要 8000 个小时。可是,我们的孩子,从 3 岁起到走向工作岗位,已在电视机前待了 16000 多个小时。

如今,豆豆眨眼睛的毛病已治好一年有余,但他几乎再也没有看过电视和电脑。那些看动画片、玩电脑成癖的现象在豆豆身上消失得毫无踪影。所以,豆豆有了更多的时间看书,参加户外活动。

孩子网络成瘾,或者电视成瘾,不仅影响视力,也影响了他们的身心发展。看电视得到的信息和看书是完全不一样的。看电视能够获得信息量,但缺少思维加工过程,沉湎于电视的孩子较难形成认真思考的习惯。而且,看电视不像读书,需要耐得住寂寞才能感受得到其中的精彩,一般不需要意志的支撑,轻松方便。看电视容易成瘾,学生的意志力也就得不到培养,审美情趣也得不到提高,得到的只是感性、娱乐、消遣、松散。

也许,离开电视机还容易,离开电脑、网络就难了。

朋友的孩子小东,一直是个乖孩子,自从学会上网后,一切都开始变了。特别是上初中后不久,孩子向家里要钱的次数明显增多,刚开始他母亲以为孩子上初中费用多很正常,也没有多想。没想到,孩子拿到钱后,经常看不到人影,家庭作业也不写。最后,朋友了解到,小东每次要钱后,都跑到网吧玩游戏。每天放学后,小东很晚才回家,学业也荒废了,为了上网还不时逃课。为了让小东不再迷恋网络,全家每个人都想尽了办法,不给他零花钱,每天接送他上学和放学,等等。这期间,小东确实有几天没有去网吧。但双休日里,小东对家人谎称去学校补课,早上8点多就去了学校,快到放学的时间时,朋友去接孩子回家,却没有接到人。原来,学校根本没有补课,他又跑到网吧去了,上网的钱是向比他小的学生要的,别人不给就抢。

这种事例绝对不是个案。民盟北京市委的《北京市中学生网络成瘾调查报告》指出,北京青少年网络成瘾者为13万多人,占14.8%。网络成瘾的孩子,在身体、心理和行为等方面都会受到伤害。

据有关报道,日本科学家曾对1000名玩"任天堂"游戏的学生脑部扫描图进行分析,结果惊讶地发现,电脑游戏只刺激了视觉和运动有关的那部分脑活动,而阻碍了少年儿童的大脑正常发育。天津一家医院对部分7~8岁的学生进行脑成像图检查也发现,其中6个图像杂乱无章的孩子均有网络游戏成瘾倾向。

对于上网成瘾的孩子,家长采取的方法往往就是"堵",堵住孩子上网的通道。如果孩子很小,堵是可行的。但如果孩子大了,这样做往往适得其反。家里不让上网,就到网吧,不给钱就去骗去抢。

治疗网络成瘾如同大禹治水,靠"堵"最后终究会决堤,疏导才是解决孩子网络成瘾的法宝。

第一步,家长要用孩子能接受的方式表达对他们的爱。比如送他一个礼物,或者带他去旅行一次,等等。在孩子与父母感情比较融洽的时候,提出自己对孩子过度上网的担忧,让孩子认识到网络成瘾的危害。让孩子有戒除网瘾的动机。

那孩子为什么喜欢上网,一进去就迷上了,且欲罢不能呢?是因为这些孩子的日常生活比较枯燥乏味,缺少关注、缺少支持、缺少赞扬、缺少快乐。如果一个孩子的父母很爱他、欣赏他、关注他,他在学校里得到赞扬,在朋友圈子得到尊重,他所有自尊、自信、快乐都有,生活又相当地丰富,被父母信任,不需要偷偷摸摸做什么事情。这些孩子就不会沉溺于网络。

第二步,就是孩子和家长共同制订一个戒除网瘾的可行的办法。这个办法极需要父母的配合,也需要得到孩子的认同。这个办法不是像戒烟一样,完全一刀两断,而是一个循序渐进的过程。刚开始的时候,父母一定要把孩子的生活安排得丰富、充实、有趣,让他们离开电脑,忘却网络。孩子的自制力天生是很小的,如果孩子的生活轨道没有任何改变的话,仅靠一个协议,或者一个办法,让他们自己从此离开网络是不可能的。父母在此过程中既要有好的动机,更要有好的方法。

在教育上,仁爱无敌,表扬无敌。特别是网络成瘾的孩子,家长不要吝啬表扬,要把表扬时刻挂在嘴边;不要吝啬时间,要多抽出时间陪孩子玩,陪孩子聊天,最好是能利用假期带孩子外出旅游一段时间;不要吝啬关爱,要在细节上让孩子感受到你对他的爱。

第三步,就是家长要在孩子离开电脑网络的过程中陪伴、激励孩子。这个时间不是一天两天,而是几个月甚至更长。一个习惯形成可能不需要多久,一个习惯改变则需要很久的时间。家长此时不能只担任孩子的监督员,而应该成为孩子的伙伴、朋友。在孩子需要休息和放松的时候,或者需要奖励的时候,家长应该担负相应的角色。当然,也可以短时间上一些学习网站。

有专家认为,避免孩子上网成瘾,戒除孩子的网瘾,有三个原则:

一是欣赏孩子,多表扬,多肯定,多交流。

二是相信孩子,给孩子一定的许可度,给孩子一定的自由度。

三是引导孩子,引导他们进行更有益的活动,看书、锻炼、游戏、交友,当然也允许孩子适当接触网络,进行学习和休闲。

63 小狐狸乐乐搬家——共同创编童话

有时候,我和豆豆睡前躺在床上会一起编故事。通常故事的主人公是黑猫警长,或是铠甲勇士。每天编一个小故事,第二天就把这事忘了。

我决心尝试把这个睡前故事编得长一点,并且记录下来。

因为看到过一个很多狐狸迁移到纽约城市郊区生活的报道,于是就想以此为故事背景,和豆豆共同创编一个《小狐狸乐乐搬家》的童话。

我先开了个头:

雪花纷纷扬扬,四周静悄悄的,只听见雪花飘落的声音。

树上、草地上,已经积了厚厚一层白雪了,大地白茫茫一片。

小狐狸乐乐可没心情欣赏这美丽的雪景,他一直在门口张望,等着找食物的父母回家。

冬天到了,家里储备的粮食很少,只有一些晒干的坚果。这不到万不得已是不能吃的。乐乐的父母每天很早就出门打猎,但很少能捕到猎物了,还要提防着天空盘旋的老鹰。

以前可不是这样。听爸爸妈妈讲,以前只要在秋天把农民落在地里的番薯、土豆、花生捡回家,就够吃一个冬天了。

豆豆听了故事的开头,感觉很有兴趣,问道:"那后来呢?"

我说:"后来还不知道,我们编一个后来的故事吧。"

豆豆说:"那怎么编?"

我说:"我们可以编小狐狸乐乐在家里等到了爸爸妈妈,也可以编乐乐很久也没等到爸爸妈妈,他就出去找爸爸妈妈。"

豆豆说:"那就编乐乐出门去找爸爸妈妈了。"

"那好,我们每人讲一句,我先讲:'乐乐等不及了,他决心出门去碰碰运气。他知道,走平常的出口出门,肯定会在雪地里留下脚印,那家就不安全了,只能走树洞的出口,爬到树上,再跳到远处的草丛,这样家里才安全。'"

豆豆说:"乐乐跳到草丛里,踩到了一只大西瓜。"

我继续编道:"冬天里怎么会有大西瓜呢? 乐乐真想大吃一顿,他太饿了。"

就这样,你一句,我一句,东拉西扯,讲完了一个故事。第二天,我把这个故事记录整理,有些语言和情节忘记了,就根据自己的想象再添油加醋地补充。晚上,再把整理好的故事念给豆豆听。然后,我们躺在床上继续编。

这样,一个星期后,记录的故事也有五六千字了。接下来角色如何处理,故事如何发展,我一点头绪都没有。

一天晚上,我正在整理这些文字,豆豆走过来说:"爸爸,你做一个人物简介吧。"

豆豆一句话提醒了我,虽然写故事不像写论文那样有个目录和框架,但是对主要人物设定一个简介,确定人物的职业、经历、性格特点、特长爱好等内容会对故事的风格、整个情节发展起很大作用。

于是,我在网上找了一张最漂亮的小狐狸图片,作为乐乐的原型,又给他写了简介:"乐乐,老乐的儿子,好朋友是翠翠。聪明、顽皮,喜欢吃热狗,喜欢玩滑梯,是狐狸家庭里的攀爬冠军。"然后我又把这些文字和图做成一张幻灯片。

豆豆见我这个人物简介挺有趣的,又要我做一个乐乐爸爸的。于是,我又在网上找了张图片作为老乐的原型。再和豆豆一起写简介,我说:"老乐,小狐狸乐乐的爸爸,擅长打猎,爱捕老鼠。"豆豆说:"他喜欢抽烟,就像你一样。"

我说:"耳朵和尾巴尖上是白毛。口头禅是'那家伙!'"

还设定了乐妈:"四只脚是黑色。机警,很温柔,会打理家,喜欢藏东西。"

这样一来,前面的人物形象都有需要修改的地方,不过人物就更鲜明了。最重要的是后面的故事情节就有了更好的安排。

最后,我们又陆续写了乐乐搬到城市后,进了表叔开的学堂,学习了很多人类的生活规则,比如看绿灯过马路,还召开了第一届狐狸市民大会,学会了在城市里与人类和平共处。

我知道,豆豆说要写人物简介是他看了儿童版的《三国演义》,看到了书上的人物简介后提的建议。这个建议对童话创作是非常好的。最后,这个命名为

《小狐狸乐乐搬家》的童话故事断断续续写了一万多字，都放在了豆豆的摇篮网博客上。

通过这件事，豆豆对编故事也热衷起来。一次，豆豆在公园里抓到了只蚱蜢，把它养在瓶子里，并开始写他的《昆虫日记》。他口述，我记录，连续写了四五天，后来因蚱蜢死掉而告终。

《小狐狸乐乐搬家》也成了我的第一个中篇童话，虽然很稚嫩，也没有发表，但我觉得有很多孩子的视角在里面，还是有很多可取之处的。

后 记

这本书是我讲述豆豆成长的第二本书。第一本是由教育科学出版社出版的《家有小豆豆》，记录豆豆从出生到3岁的成长过程。本书记录的是豆豆从进入幼儿园托班到幼儿园毕业期间，我和他之间的故事。

从书中可以看出来，豆豆在幼儿园的成长过程中，和大多数幼儿一样，有一个无忧无虑的快乐生活。我们没有对他太多约束，家里的墙壁成了他的创作乐园。我们也没有强求他学习时下正热门的钢琴、舞蹈等才艺。我们关注他的性格养成，注重他的学习生活习惯，希望他友善，合群，希望他爱读书，做事专注，能独立思考。这些他基本上做到了。但豆豆也像其他孩子一样有这样那样的缺点，只不过我们并不是揪住他的缺点不放，而是引导它，淡化它，让它在成长过程中自然消失。

2011年9月1日，儿子正式成为小学生了。早上出门的时候，我在电梯口给他和妈妈拍了张照片。进小学后，他非常适应，没有觉得苦和累。一天晚上我有些事，回家比较晚，豆豆上床了。

看到我进来，豆豆说："妈妈去洗澡了，我们聊聊天，如果她来了，我就装睡。"于是，我们的对话开始了……

我：班里有原来的同学吗？

豆豆：有啊。杨杨就坐在我旁边，我们俩见面的时候都看着对方傻笑，笑了好久。

我：哦，那是一件好事，碰到好朋友了。

豆豆：岂止是好朋友！

我：小学和幼儿园比哪里更好？

豆豆：都有好的地方，很难说，好像小学更好些。

我：为什么呢？

豆豆：小学里课很多，很好玩，特别是有信息课，还有小学里中午不用睡午觉,我很讨厌中午睡午觉。

我:那很好,希望你觉得小学越来越好。爸爸准备给你出第二本书了。

豆豆:这本书叫什么名字?

我:《家有大豆豆》(第一本书为《家有小豆豆》)。

豆豆:啊,你的意思是如果再出一本书,就叫《家有老豆豆》?

我:这个想法很不错。刚才开玩笑的,第二本书名叫《父子相长》。

豆豆:《父子相长》不好听,什么意思嘛?

我:意思就是爸爸和你一起成长。

豆豆:你还会长大吗?

我:当然不是长高,是阅历增长,懂得更多知识和道理。

豆豆:那我呢,只是知识增长,永远就这么点大?

我:你不一样,既长高又长知识。

豆豆:那就应该叫父亲成长,儿子两方面都增长。

我:嗯,很有道理。

豆豆:你现在不给我写日记了?

我:爸爸现在很忙,从早到晚,没空的,你现在读书了,要自己写日记了。

豆豆:比我还忙?我才忙呢,除了学校里的作业,还给自己布置作业,比如画画、做手工,听《说唱脸谱》,必须认真完成,不然,我就自己打自己的脑袋。

我:哦,对自己要求这么高啊,不过我觉得你进了小学,表现确实很棒,都当值日班长了。比老爸强多了。老爸小学一年级时,书包也没有,学期还没有结束,课本最后几页都撕烂了,不见踪影了。

豆豆:那可够惨的,我每天洗澡的时候在澡盆里上课,讲水的知识,都很简单的,大家都知道的。

"呼!"

"嘘,妈妈来了,我们快装睡。"

令我欣慰的是,豆豆进小学后表现依然很好,喜欢给老师当小助手,同学关系融洽,上课思想专注,作业书写工整。缺点是比较马虎,对自己的要求不高,怕吃苦。这,都是日后需要改进和完善的。

作为一名教育工作者,从豆豆的成长过程中,我学到了很多东西,其中有教育学的,比如教育方法上的东西,怎样教孩子才会乐于接受,怎样教孩子才会更

好地接受;也有心理学的,如孩子的记忆特点、思维特点等;还有孩子的语言和行为引起我对人生、对职业的思考;等等。

可以说,豆豆在幼儿园的 4 年,身高、体重、思维能力、表达能力各方面进步惊人,而我在见证他成长的同时,自己也在学习和成长。

正所谓教学相长,父子相长。

陶 林

2012 年 5 月

摆渡者教师书架

丛书名称	主编或作者	书　名	定价(元)
大师背影书系	张圣华	《陶行知教育名篇》	24.90
		《陶行知名篇精选》(教师版)	16.80
		《朱自清语文教学经验》	15.80
		《夏丏尊教育名篇》	16.00
		《作文入门》	11.80
		《文章作法》	11.80
		《蔡元培教育名篇》	19.80
		《叶圣陶教育名篇》	17.80
教育寻根丛书	张圣华	《中国人的教育智慧·经典家训版》	49.80
		《过去的教师》	32.80
		《追寻近代教育大师》	29.80
		《中国大教育家》	22.80
杜威教育丛书	单中惠	《杜威教育名篇》	19.80
		《杜威学校》	25.80
		《杜威在华教育讲演》	29.80
班主任工作创新丛书	杨九俊	《班集体问题诊断与建设方略》	19.80
		《班主任教育艺术》	22.80
		《班级活动设计与组织实施》	23.80
新课程教学问题与解决丛书	杨九俊	《新课程教学组织策略与技术》	16.80
		《新课程教学现场与教学细节》	15.00
		《新课程备课新思维》	16.80
		《新课程教学评价方法与设计》	16.80
		《新课程说课、听课与评课》	16.80
新课程课堂诊断丛书	杨九俊	《小学语文课堂诊断》(修订版)	18.60
		《小学数学课堂诊断》(修订版)	18.60
		《小学综合实践活动课堂诊断》	23.60
		《小学品德与生活(品德与社会)课堂诊断》	22.80
名师经验丛书	肖　川	《名师备课经验》(语文卷)	25.80
		《名师备课经验》(数学卷)	25.60
		《名师作业设计经验》(语文卷)	25.00
		《名师作业设计经验》(数学卷)	25.00
个性化经验丛书	华应龙	《个性化作业设计经验》(数学卷)	19.80
		《个性化备课经验》(数学卷)	23.80
	于永正	《个性化作业设计经验》(语文卷)	20.60
		《个性化备课经验》(语文卷)	23.00

丛书名称	主编或作者	书　　　名	定价(元)
深度课堂丛书	《人民教育》编辑部	《小学语文模块备课》	18.00
		《小学数学创新性备课》	18.60
课堂新技巧丛书	郑金洲	《课堂掌控艺术》	17.80
课改新发现丛书	郑金洲	《课改新课型》	19.80
		《学习中的创造》	19.80
		《多彩的学生评价》	26.00
教师成长锦囊丛书	郑金洲	《教师反思的方法》	15.80
校本教研亮点丛书	胡庆芳	《捕捉教师智慧——教师成长档案袋》	19.80
		《校本教研实践创新》	16.80
		《校本教研制度创新》	19.80
		《精彩课堂的预设与生成》	18.00
		《让孩子灵性成长：青少年野外活动教育创新》	20.00
		《联片教研模式创新：一题一课一报告》	23.00
美国教育新干线丛书	胡庆芳	《美国学生课外作业集锦》	35.80
美国中小学读写教学指导译丛	胡庆芳　程可拉	《教会学生记忆》	22.50
		《教会学生写作》	22.50
		《教会学生阅读：方法篇》	25.00
		《教会学生阅读：策略篇》	24.80
提升教师专业实践力译丛	胡庆芳　程可拉	《创造有活力的学校》	22.50
		《有效的课堂管理手册》	24.00
		《有效的课堂教学手册》	32.80
		《有效的课堂指导手册》	24.80
		《有效的教师领导手册》	25.80
		《提升专业实践力：教学的框架》	30.80
		《优化测试，优化教学》	22.50
		《有效的课堂评价手册》	26.80
中小学教师智慧锦囊丛书	费希尔	《初为人师：教你100招》	16.00
	奥勒顿	《把复杂问题变简单——数学教学100招》	17.00
	格里菲思	《精彩的语言教学游戏》	17.00
	墨菲	《历史教学之巧》	18.00
	沃特金 阿伦菲尔特	《100个常用教学技巧》	16.00
	扬	《管理学生行为的有效办法》	16.00
	鲍凯特	《让学生突然变聪明》	17.00
	库兹	《事半功倍教英语》	17.00
	鲍凯特	《这样一想就明白——100招教会思考》	17.00
	海恩斯	《作文教学的100个绝招》	15.00
教育心理	俞国良　宋振韶	《现代教师心理健康教育》	25.80

丛书名称	主编或作者	书　名	定价(元)
教师在研训中成长丛书	胡庆芳　林相标	《校本培训创新:青年教师的视角》	21.80
		《教师专业发展:专长的视野》	21.60
		《听诊英语课堂:教学改进的范例》	31.60
		《提升教师教学实施能力》	22.00
中小学课堂教学改进丛书	胡庆芳　王　洁	《改进英语课堂》	32.80
		《改进科学课堂》	26.00
		《改进语文课堂》	28.00
		《改进数学课堂》	31.00
		《点评课堂:博览教学改进的智慧》	28.00
新课堂教学的理论研究与实践探索丛书	刘连基 徐建敏	《和谐高效思维对话——新课堂教学的理论研究》	36.00
		《和谐高效思维对话——新课题教学的实践探索·小学语文》	22.00
		《和谐高效思维对话——新课题教学的实践探索·小学数学》	34.00
		《和谐高效思维对话——新课题教学的实践探索·小学英语》	29.00
		《和谐高效思维对话——新课题教学的实践探索·小学科学》	30.00
		《和谐高效思维对话——新课题教学的实践探索·小学品德》	35.00
		《和谐高效思维对话——新课题教学的实践探索·信息技术》	31.00
		《和谐高效思维对话——新课题教学的实践探索·初中语文》	31.00
		《和谐高效思维对话——新课题教学的实践探索·初中数学》	30.00
		《和谐高效思维对话——新课题教学的实践探索·初中英语》	31.00
		《和谐高效思维对话——新课题教学的实践探索·初中思想品德》	27.00
		《和谐高效思维对话——新课题教学的实践探索·初中物理》	28.00
		《和谐高效思维对话——新课题教学的实践探索·初中化学》	31.00
		《和谐高效思维对话——新课题教学的实践探索·初中生物》	28.00

丛书名称	主编或作者	书　名	定价(元)
新课堂教学的理论研究与实践探索丛书	刘连基 徐建敏	《和谐高效思维对话——新课题教学的实践探索·初中历史》	25.00
		《和谐高效思维对话——新课题教学的实践探索·初中地理》	21.00
		《和谐高效思维对话——新课题教学的实践探索·高中地理》	21.00
		《和谐高效思维对话——新课题教学的实践探索·高中数学》	34.00
		《和谐高效思维对话——新课题教学的实践探索·高中英语》	31.00
		《和谐高效思维对话——新课题教学的实践探索·高中思想政治》	30.00
		《和谐高效思维对话——新课题教学的实践探索·高中物理》	31.00
		《和谐高效思维对话——新课题教学的实践探索·高中生物》	27.00
		《和谐高效思维对话——新课题教学的实践探索·高中化学》	31.00
		《和谐高效思维对话——新课题教学的实践探索·高中历史》	31.00
		《和谐高效思维对话——新课题教学的实践探索·高中语文》	28.00
义务教育课程标准(2011年版)案例式解读丛书	杨九诠 李铁安	《义务教育课程标准(2011年版)案例式解读·小学语文》	32.00
		《义务教育课程标准(2011年版)案例式解读·小学数学》	34.00
		《义务教育课程标准(2011年版)案例式解读·小学英语》	32.00
		《义务教育课程标准(2011年版)案例式解读·小学品德与生活(社会)》	33.00
		《义务教育课程标准(2011年版)案例式解读·初中语文》	29.00
		《义务教育课程标准(2011年版)案例式解读·初中数学》	32.00
		《义务教育课程标准(2011年版)案例式解读·初中英语》	32.00
		《义务教育课程标准(2011年版)案例式解读·初中物理》	32.00

丛书名称	主编或作者	书 名	定价(元)
义务教育课程标准(2011年版)案例式解读丛书	杨九诠 李铁安	《义务教育课程标准(2011年版)案例式解读·初中化学》	32.00
		《义务教育课程标准(2011年版)案例式解读·初中地理》	34.00
		《义务教育课程标准(2011年版)案例式解读·初中历史》	30.00
		《义务教育课程标准(2011年版)案例式解读·初中思想品德》	32.00
		《义务教育课程标准(2011年版)案例式解读·初中生物学》	32.00
其他单行本	胡庆芳	《美国教育360度》	15.80
	徐建敏 管锡基	《教师科研有问必答》	19.80
	杨桂青	《英美精彩课堂》	17.80
	陶继新	《教育先锋者档案》(教师版)	16.80
	单中惠	《西方教育思想史》	59.80
	孙汉洲	《孔子教做人》	27.90
	丰子恺	《教师日记》	24.80
	陶 林	《家有小豆豆》	27.00
	徐 洁	《教师的心灵温度》	26.50
	赵 徽 荆秀红	《解密高效课堂》	27.00
	赖配根	《新经典课堂》	29.00
	严育洪	《这样教书不累人》	27.00
	管锡基	《中小学综合实践活动课程资源包》	39.80
	孟繁华	《赏识你的学生》	29.80
	申屠待旦	《教育新概念——教师成长的密码》	27.00
	严育洪 管国贤	《让学生灵性成长》	28.00

"新课程教学问题与解决丛书"荣获第七届全国高校出版社优秀畅销书一等奖!

《陶行知教育名篇》荣获第八届全国高校出版社优秀畅销书一等奖!

"大师背影书系"荣获第八届全国高校出版社优秀畅销书二等奖!

《名师作业设计经验》(语文卷)、《名师作业设计经验》(数学卷)、《名师备课经验》(语文卷)荣获第17届上海市中小学幼儿园优秀图书三等奖!

《西方教育思想史》荣获全国第二届教育科学优秀成果二等奖(1999)!

在2006年全国教师教育优秀课程资源评审中,"新课程教学问题与解决丛书"中的《新课程教学组织策略与技术》《新课程教学现场与教学细节》《新课程备课新思维》和《新课程说课、听课与评课》被认定为新课程通识课推荐使用课程资源,《陶行知教育名篇》被认定为新课程公共教育学推荐使用课程资源,《课改新课型》被认定为新课程通识课优秀课程资源,《小学语文课堂诊断》被认定为新课程语文课优秀课程资源,《小学数学课堂诊断》被认定为新课程数学课推荐使用课程资源!